CON
BOOK.

FETT
NÄPF
CHEN
FÜH
RER

CON
BOOK.

Nadine Luck kam in Niederbayern zur Welt, hat in München studiert und gearbeitet und lebt inzwischen im fränkischen Bamberg, wo sie mit ihrem nordrhein-westfälischen Gatten den Culture Clash jeden Tag selbst erlebt. Als Buchautorin, Journalistin und Bloggerin (»Mama und die Matschhose«) schreibt sie am liebsten übers Reisen und über die liebe Familie. Nadine Luck ist Mutter von zwei Kindern.

www.mama-und-die-matschhose.de

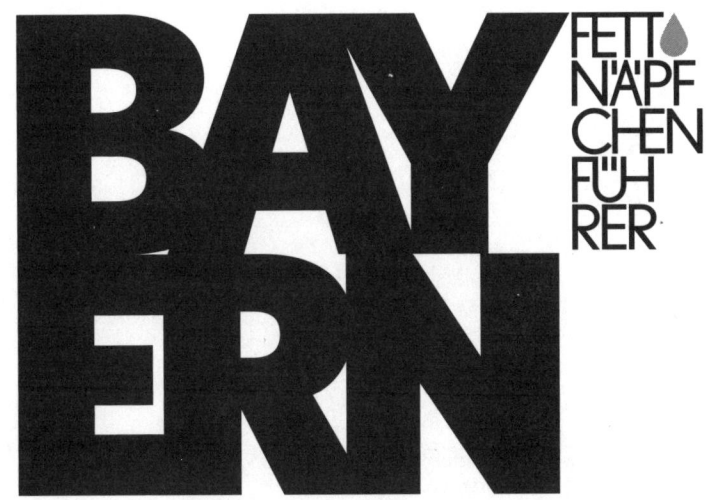

BAY ERN FETTNÄPFCHENFÜHRER

DIE MASS ALLER DINGE

NADINE LUCK

1. Auflage
© Conbook Medien GmbH, Neuss, 2019
Alle Rechte vorbehalten

www.conbook-verlag.de

Dieses Werk wurde vermittelt durch die Literaturagentur Kai Gathemann.
Textredaktion: Imke Sörensen, Hamburg
Einbandgestaltung: Weiß-Freiburg GmbH – Graphik & Buchgestaltung unter
Verwendung eines Motivs von © istockphoto.com/damedeeso
Karte auf Seite 55: © grebeshkovmaxim/Shutterstock.com
Satz: Röser MEDIA, Karlsruhe
Druck und Verarbeitung: CPI Books GmbH, Leck

Printed in Germany

ISBN 978-3-95889-203-3

Folgen Sie uns!

*Wir informieren Sie gerne und regelmäßig über
Neuigkeiten aus der Welt des CONBOOK Verlags.
Folgen Sie uns für News, Stories und Informatio-
nen zu unseren Büchern, Themen und Autoren.*

 www.conbook-verlag.de/newsletter

 www.facebook.com/conbook

 www.instagram.com/conbook_verlag

Für Harry, meinen Mo.
A Hund is er scho!

INHALT

1 BAYERNS UHREN TICKEN ANDERS

VON DREIVIERTEL SIEBEN BIS VIERTEL ACHT

»Um dreiviertel sechs vor dem Hugendubel am Stachus«, hat sie gesagt. Die U-Bahn steckt fest, Jochen wird fünf Minuten zu spät kommen. Na, das sollte ihm seine Liebste aber verzeihen. Als Tourist in einer Großstadt mit nur fünf Minuten Verspätung dran zu sein – das ist ziemlich gut, findet er.

Doch, um es kurz zu machen: Er sieht schon auf dem Weg von der Rolltreppe zum Buchhändler, dass Magdalena dampft. »Warum hast du mir nicht Bescheid gesagt?«, fährt sie ihn zur Begrüßung an, ganz ohne »Hallo«, »Servus« oder Küsschen. »Das ist doch keine Art! Ist dein Handy kaputt? Oder gehen die Uhren in Bayern tatsächlich so anders als bei euch in Wuppertal?«

Jochen ist perplex. Dafür, dass er erst zum zweiten Mal in seinem Leben und nun auch erst seit zwei Tagen in der Weltstadt München ist, kommt er sich grandios pünktlich vor. »Ehrlich, Magdalena, wegen fünf Minuten regst du dich auf? Die U-Bahn steckte kurz fest, sonst wäre ich sogar überpünktlich gewesen. So grazil wie unsere Schwebebahn bewegt sich euer öffentlicher Nahverkehr halt nicht fort ... Echt, wenn ich wegen fünf Minuten Verspätung Bescheid geben würde, würde ich jetzt ja immer noch an der WhatsApp an dich tippen!«

»Fünf Minuten? Mensch, Jochen! Eine geschlagene Stunde warte ich hier – und warte und warte, bis der werte Herr ...«

»Wieso eine Stunde? 18.45 Uhr hast du doch gesagt, ich hab das noch genau im Ohr!«

»Nein, mein Lieber: Dreiviertel sechs haben wir ausgemacht.«

»Ja, sag ich doch!«

Da lacht Magdalena lauthals los. »Du weißt nicht, was dreiviertel sechs bedeutet? Ehrlich nicht? Sorry, das hätte ich nicht für möglich ...« Sie hakt sich bei Jochen ein und zieht ihn in Richtung Marienplatz. Auf dem Weg erklärt sie ihm, wie die Uhren in Bayern ticken – beziehungsweise Münchens Uhren. Dabei bummeln sie fröhlich durch die Fußgängerzone, halten beim indianisch aussehenden Künstler, der seiner

Panflöte wunderschöne Melodien entlockt, und bestaunen die neugotische Fassade des Rathauses. Und tatsächlich ist es schade, dass sie nicht schon deutlich früher unterwegs sind: Denn täglich um 17 Uhr bestaunen Touristen das Glockenspiel im Mittelturm des Rathauses, wie Jochen von Magdalena erfährt. Dabei zeigen 32 Figuren auf mehreren Ebenen Szenen aus der Stadtgeschichte.

Sie gehen weiter durchs Tal – ebenfalls eine gleichermaßen beliebte wie belebte Einkaufsstraße – und stehen schließlich vor dem Isartor, einem der alten Stadttore Münchens. Aus den Augenwinkeln bemerkt Jochen oben im Turm des Tors eine Uhr. Er blickt hoch und traut seinen Augen nicht. Er hat geschätzt, dass es ungefähr 8 Uhr abends sein müsste, denn inzwischen hat er einen Bärenhunger und freut sich aufs Abendbrot, das sie im berühmtesten Wirtshaus der Welt essen wollen, dem Hofbräuhaus. Der Stundenzeiger der Uhr aber bewegt sich in diesem Moment auf die Vier – und zwar gegen den Uhrzeigersinn, von der Fünf kommend.

»Magdalena, siehst du das auch?«, fragt er. »Was soll denn das schon wieder? Was ist mit euren Uhren los?«

Sie grinst. »Schau mal genau hin. Die Uhr zeigt die Zeit exakt an. Aber sie liest sich anders. Denk mal ein bisschen mit …«

Da sieht Jochen nochmals hin und erkennt, dass nicht nur die Uhr augenscheinlich rückwärtsläuft – auch die römischen Ziffern sind verkehrt herum angeordnet. Nachdem er das herausgefunden hat, sieht er, dass es tatsächlich genau 8 Uhr ist. »Schön, dass es so unkompliziert ist bei euch«, sagt er.

Jochen beschließt, während seines Aufenthalts in Bayern eher niemanden nach der Zeit zu fragen und sich auch nicht auf öffentliche Uhren zu verlassen.

DIE VER-RÜCKTE UHR VON KARL VALENTIN

»In Bayern gehen die Uhren anders.« Dieses Zitat stammt vom ehemaligen deutschen Bundeskanzler Willy Brandt. Der ehemalige bayerische Landesvater Franz Josef Strauß meinte dazu: »Wenn man manchmal sagt, in Bayern gehen die Uhren anders, kann das höchstens heißen, dass sie anderswo falsch gehen.« Die Uhr im Münchner Isartor läuft allerdings wirklich gegen den Uhrzeigersinn und damit verkehrt herum. Die Künstlerin Petra Perle spendierte sie der Stadt – als Hommage an den großen Komiker Karl Valentin, dem ein »Musäum« im Isartor gewidmet ist. Denkmalschützer votierten zwar im Jahr 2005 gegen die Installation dieser buchstäblich ver-rückten Uhr, doch der Stadtrat sprach sich dafür aus.

Obacht, neidabbd!*

Wenn der Bayer sagt, es ist »dreiviertel zwei«, dann ist es 1.45 Uhr – oder auch 13.45 Uhr. Wenn es 7.15 Uhr ist, ist es noch komplizierter. Dann ist es nördlich der Donau, etwa in der Oberpfalz, in Franken und auch quer durch die neuen Bundesländer hinauf bis zur Insel Rügen »viertel acht«. Traditionell sagen Ober- und Niederbayern derweil zu 7.15 Uhr »Viertel über sieben« – wie Magdalenas Opa aus Niederbayern. Die jüngeren Leute sagen »Viertel nach sieben«.

Wenn nun ein Franke mit einem Niederbayern ein Treffen für »viertel sieben« vereinbart, kann es glatt passieren, dass

---

* *neidabbd* = ins Fettnäpfchen getappt

der Niederbayer von »Viertel über sieben« ausgeht – und im Zweifel eine ganze Stunde zu spät kommt. Diese genannten Regeln gelten meistens – und manchmal auch nicht. In einigen Gegenden Bayerns ist mit »viertel zwölf« mal 11.15 Uhr, 12.15 Uhr oder auch mal 11.45 Uhr gemeint. Und mitunter klingt die Uhrzeit in Bayern in den Ohren Auswärtiger tatsächlich wie höhere Mathematik, etwa wenn jemand die Frage nach der Uhrzeit mit »fünf vor dreiviertel sechs« beantwortet. Kann passieren.

Eine höhere Uhrzeit als die Zahl 12 gibt es übrigens nicht in Bayern: 2 Uhr ist 2 Uhr – egal, ob es sich dabei um 2 Uhr nachmittags oder nachts handelt. Was gemeint ist, erschließt sich in der Regel aus dem Kontext.

EINMAL AUF DIE UHR GESCHAUT

Uhrzeit	in München	in Franken	in Niederbayern	in Wuppertal
13.45 Uhr	dreiviertel zwei	dreiviertel zwei	dreiviertel zwei	Viertel vor zwei
13.15 Uhr	Viertel nach eins	viertel zwei	Viertel über eins (trad.)	Viertel nach eins

2 DAS MASS ALLER DINGE

BIERTRINKEN WIE EIN BAYER

»Ein Candle-Light-Dinner wird das nicht«, sagt Jochen mit Blick auf die Tische für jeweils mehrere Personen, an denen in der weltberühmten Schwemme des Hofbräuhauses zahllose Menschen aus der ganzen Welt sitzen. Es ist voll und laut – und es riecht nach Bier. »Wir müssen uns irgendwo dazusetzen.« Magdalena nickt und geht zu einem Tisch, an dem nicht alle Plätze besetzt sind. »Ist hier noch frei?«, fragt sie.

»*Haut's eich hera, na samma mehra*«, antwortet ein freundlich aussehender Mann. »Setzt euch hin, dann sind wir mehr«, flüstert Magdalena in Jochens Ohr und sagt laut zu den Herren am Tisch: »Dankeschön!«

Das verliebte Paar nimmt bei den Bayern Platz und Jochen schaut sich erst mal um. Ein prächtig bemaltes Kreuzgewölbe mit lukullischen Motiven wie servierfertigen Schweinsköpfen und gegrillten Hühnchen prangt über ihnen. »Durst ist schlimmer als Heimweh« steht über einem Rundbogen, unter dem Gäste in andere Teile des Wirtshauses gehen. Musiker in Tracht sitzen auf einem Podium im Zentrum des Saales und geben laute, volkstümliche Musik zum Besten. Einige Gäste schunkeln. Eine Kellnerin im Dirndl schiebt sich durch die Reihen, um Riesenbrezn zu verkaufen. »Jetzt ist doch kein Karneval«, denkt Jochen mit Blick auf ihr Outfit und eigentlich mit Blick auf die gesamte Szenerie – und muss schmunzeln. Zünftig ist das, würden die Bayern wohl dazu sagen. Die Stimmung in einem Bierzelt auf dem Oktoberfest dürfte sich von der im Hofbräuhaus nicht wesentlich unterscheiden. Jochen sieht zwei Menschen unschlüssig herumstehen. Aufgrund ihrer lässigen Sweatshirts vermutet er, dass es Amerikaner sind. Sie trauen sich offenbar niemanden zu fragen, ob sie sich dazusetzen dürfen. Verständlich. Es muss seltsam sein für Menschen aus einem Land, in dem die Plätze im Restaurant vom Kellner zugewiesen werden, sich zu fremden Leuten zu quetschen. In ihrer Heimat würde niemand auf die Idee kommen, Gästen dieses Gedränge zuzumuten. Da würde eher in einer langen Schlange am Eingang gewartet, bis großzügige Plätze frei geworden sind. Jochens Gedanken werden unterbrochen, denn eine Kellnerin im Dirndl kommt an den Tisch und fragt: »Was darf's sein?«

»Ein Maß, bitte«, sagt Jochen.

»*A Preiß*«, meint der Bayer grinsend, der Magdalena und Jochen gerade an den Tisch gebeten hat – und den Jochen sofort deutlich weniger freundlich findet.

Bevor er etwas erwidern kann, sagt die Kellnerin zu dem Bayern: »Das macht nichts, ich hab ihn schon verstanden. Wir haben ja öfter welche hier.«

»Ich dachte, hier bestellt man Maß«, wendet sich Jochen an Magdalena. »Ich hätte ja auch ein Kölsch getrunken, aber ich vermute mal, das gibt es hier nicht. Ihr macht euch ja immer über unsere Getränke in den kleinen Reagenzgläsern lustig ...«

»Passt schon«, flüstert seine Liebste ihm zu. »Ich erklär dir später, was der Mann gemeint hat.«

Wenig später ist die Kellnerin mit schweren Maßkrügen für die ganze Runde zurück. Durstig nimmt Jochen sein Bier in die Hand und setzt an.

Doch: »Nur ein Schwein trinkt allein«, sagt der Herr von gerade eben und lacht.

»Jochen, lass uns anstoßen«, sagt Magdalena und zischt ihm zu: »Nimm es nicht persönlich, das ist nur so ein Spruch.«

Jochen ist zwar genervt von »nur so ein Spruch«, aber er stößt an und trinkt. Aus den Augenwinkeln heraus sieht er, dass die Bayern den Krug nochmals auf dem Tisch absetzen, bevor sie trinken.

»Ist ihnen der Krug zu schwer, um ihn sofort zum Mund zu führen?«, flüstert er in Magdalenas Ohr und nimmt gleich noch einen Schluck aus dem schweren Gefäß.

Obacht, neidabbt!

Das Bier ist in Bayern ein Heiligtum, über das die Bewohner gerne und ständig philosophieren. Wer braut das beste, welcher Wirt schenkt welches aus? Oft wird dem Bier aus der örtlichen Brauerei gehuldigt – und meistens zu Recht. Denn Bierbrauen, das können die Bayern. Sie schenken ihr flüssiges Gold auch gerne an Fremde aus. Wenn ein Gast allerdings nicht weiß, wie er die Maß korrekterweise bestellt, dann macht er sich zum Gespött. Und wer sie zwar richtig bestellt, aber falsch ausspricht, taugt ebenfalls zur Lachnummer. Touristen und Zugereiste sollten also besser lernen, wie das gewünschte Bier in lupenreinem Bairisch geordert wird – auch wenn die Bayern es ansonsten nicht ausstehen können, wenn Preußen ihren Dialekt nachahmen.

Einfach ist das nicht. Manche halten ja schon 0,4 Liter für viel Bier – und im Norden der Republik ist es das auch, verglichen mit dem ansonsten ausgeschenkten 0,2-Liter-Kölsch. Die Bayern aber verspotten das »große« 0,4er als *Preißn*-Halbe. In Bayern entspricht ein kleines Bier 0,5 Litern. Wer dies trinken will, bestellt »eine Halbe« und meint damit 0,5 Liter helles Bier. Das »Helle«, wie es kurz genannt wird, ist eine höchst süffige, helle bis goldgelbe Biersorte mit einer moderaten Hopfennote. Erfunden wurde es als Antwort auf das böhmische Pilsener. In Franken wird der halbe Liter Bier auch gern als *Seidla* bezeichnet und ebenso bestellt. »Ein *Seidla*, bitte.« Der Liter Bier heißt in Bayern hingegen »Maß« – eine Bezeichnung, die es außerhalb der bairischen Sprache nicht gibt und die Menschen, die des Bairischen nicht mächtig sind, Probleme bereitet. Denn woher sollen sie wissen, ob es die oder das Maß heißt? Wer sich im Wirtshaus, im Biergarten und auf dem Oktoberfest nicht blamieren will, bestellt jedoch EINE Maß. Und spricht sie aus, als würde in der Getränkekarte »Mass« stehen, mit kurzem »a«, wie in »nass« oder – was im Kontext mindestens genauso gut passt – wie in »Fass«. Wie wir an dieser Stelle lesen können, war der Maß die Rechtschreibreform herzlich wurst. Wer mag, darf allerdings auch »Mass« schreiben. Der Duden erlaubt es, den Bayern aber gefällt diese Schreibweise eher nicht.

Wenn die Halbe oder die Maß schließlich serviert sind, stoßen alle, die gemeinsam am Tisch sitzen, mindestens vor dem ersten Schluck mit einem herzlichen »Prost!« an. Hierfür fassen sie den Bierkrug am Henkel, denn würden sie den Krug direkt umfassen, könnten sie sich beim Anstoßen die Finger quetschen. Nach dem Anstoßen dürfen die Trinker die Krüge gerne nochmals absetzen. Warum das viele Bayern tun, weiß jedoch niemand so recht. Möglicherweise rührt dieser Brauch daher, dass früher aus Krügen aus Steingut mit Zinndeckeln getrunken wurde. Beim Absetzen stießen die Biertrinker den Deckel mit dem Daumen der Hand, die den Krug hielt, auf, um trinken zu können. Eine andere Erklärung ist, dass durch das Berühren des Tisches symbolisch mit dem Erdboden angestoßen und somit der Verstorbenen gedacht wird. Auch wird das Absetzen mit einem kurzen Innehalten begründet, um Gott für den Genuss dieses wunderbaren Bieres zu danken. Daneben gibt es vermutlich aber auch eine rein praktische Ursache: Beim Anstoßen umfasst man aus oben angeführtem Grund den Krug am Henkel. Das Bier wiegt rund zweieinhalb Kilo, wenn der Krug voll ist – also ziemlich viel. Es ist daher sinnig, abzusetzen und umzugreifen, um den Krug nicht mehr am Henkel, sondern direkt zu umfassen. So hält man ihn stabiler in der Hand. Einheimische greifen automatisiert um und haben diese Trinkweise perfektioniert. Ach ja, wer aus Weizenbiergläsern Weißbier trinkt, stößt mit Gleichgesinnten über die untere Kante des Glases an. Und ein Tipp noch für Jochen, der mit dem Spruch »Nur ein Schwein trinkt allein« konfrontiert wurde: Er könnte antworten: *»Nur a Sau nimmt's genau.«*

DER BIERMARKT SCHÄUMT IN BAYERN ÜBER

Deutschlandweit hat der Bierkonsum seit einigen Jahren eine Durststrecke. In Bayern aber hat davon niemand etwas mitbekommen, da schäumt der Biermarkt von jeher über. Während im Bundesdurchschnitt statistisch jeder Mensch, vom Baby bis zum Greis, pro Jahr rund 105 Liter des Gerstensaftes trinkt, genehmigen sich die Bayern 130 bis 135 Liter. Damit können sie beinahe den Biertrinkeuropameistern, den Tschechen, das Wasser, äh, den Bierkrug reichen. Dort wurden im Jahr 2016 ganze 143 Liter pro Kopf konsumiert. Noch mehr Bier würde im Freistaat weggehen, wenn es – wie früher – selbstverständlich wäre, dass auch in den Firmenkantinen Bier ausgeschenkt würde. Kein Wunder jedenfalls, dass Bayern auch den höchsten Pro-Kopf-Brauereien-Anteil der Republik hat. Mit rund 600 bayerischen Brauereibetrieben gibt es im Freistaat ziemlich genau so viele wie im Rest des Landes zusammen. Zu den 600 Brauereien gehören freilich nicht nur die großen Münchner Bier-Global-Player, sondern auch viele kleine und mittelständische Betriebe.

Seit 2001 ist die Herkunftsangabe »Bayerisches Bier« EU-weit geschützt und gilt nur für »flüssiges Brot«, wenn es aus bayerischen Sudkesseln stammt und nach dem Bayerischen Reinheitsgebot von 1516 gebraut wurde. Dieses fordert, dass Bier nur aus Hopfen, Malz, Hefe und Wasser bestehen darf. Beim Brauen gelten verschiedene, zum Teil jahrhundertealte Vorschriften. Trotz dieser Regelwut ist Bayerns Bier nicht gleich Bier. Rund 40 Biersorten und 4.000 verschiedene Biere gibt es im Freistaat. Am beliebtesten sind das Helle und das Weißbier – pur oder als Mischgetränk. Mit Zitronenlimonade wird das Helle zum »Radler« und das Weißbier zum »Russ«. Beide Mischgetränke gelten in Bayern als Biergartenklassiker.

WEISSBIER-METROPOLE BAYERN

Bayern ist unbestrittener Nabel der Weißbierwelt, obwohl diese spezielle Biersorte ursprünglich aus dem Orient zu stammen scheint, was Abbildungen auf uralten Tongefäßen nahelegen. Der heutige Weißbier-Weltmarktführer sitzt in Erding in Oberbayern und liefert das flüssige Gold in mehr als 70 Länder. Doch praktisch jede der 600 bayerischen Brauereien hat Weißbier, das außerhalb Bayerns als Weizenbier firmiert, im Sortiment. Aber was genau ist ein Weißbier überhaupt? Es ist ein obergäriges Bier mit einem eher geringen Hopfenanteil, wodurch es weniger bitter ist als andere Sorten. Um zum Weißbier zu werden, muss das Getränk zudem mindestens zur Hälfte aus Weizenmalz hergestellt werden. Seine Farbe ist mal naturtrüb, mal kristallklar, mal hell, mal dunkel. Die Trübung ergibt sich durch die beim Brauvorgang eingesetzte Hefe. Was alle Weißbiere auszeichnet: der hohe Kohlensäuregehalt.

Beim Genuss eines Weißbieres ist es am wichtigsten, Zeit mitzubringen. Es lässt sich nicht eben mal aus der Flasche kippen. Weißbier wird seit jeher aus einem hohen, geschwungenen Glas getrunken, das in der Regel einen halben Liter des Getränks fasst. Das hat zwei Gründe. Zum einen schäumt das Weißbier sehr stark und sollte vor dem Trinken im Glas erst einmal zur Ruhe kommen. Ansonsten besteht die Gefahr, dass ein Großteil des Bieres statt im Mund auf Kleidung, Tisch oder Boden landet. Zum anderen setzt sich die Hefe des Weißbieres am Flaschenboden ab. Würde man es direkt aus der Flasche trinken, hätte man anfangs keine Hefe im Bier – und gegen Ende zu viel. Darunter würde der Geschmack des Bieres leiden.

Vorsicht: Weißbier einzuschenken, ist eine Herausforderung! Wer einfach loslegt und es wie beispielsweise Wasser ins Glas fließen lässt, scheitert am überschäumenden Temperament des Bieres. Zu starkes Aufschäumen vermeidet, wer das längliche Weißbierglas vor dem Einschenken mit klarem kaltem Wasser ausspült und es hinterher nicht abtrocknet. Ein leichter Wasserfilm sollte im Glas bleiben. Jetzt gilt es, das Glas leicht schräg zu halten – mindestens im 30-Grad-Winkel. Denn je flacher es beim Einschenken steht, desto weniger Schaum bildet sich. Dreiviertel des Glases dürfen so gefüllt werden. Um auch die Hefe vom Flaschenboden zu lösen, wird die Flasche geschwenkt. Fertig? Jetzt wird der Rest des Bieres mit der gelösten Hefe steil von oben ins Glas geschenkt. Auf diese Weise sollte sich auf dem Weißbier eine prächtige Schaumkrone bilden. Prost!

Die schlechte Nachricht lautet: Ein halber Liter Weißbier hat rund 250 Kalorien. Die gute Nachricht: Wissenschaftler der TU München bescheinigen dem Gerstensaft positive Auswirkungen auf die Gesundheit von Sportlern. Läufer, die sich nach dem Training eine Halbe gönnen, sind um ein Drittel weniger anfällig für Infekte als die Vergleichsgruppe. Wenn sie doch eine Erkältung bekommen, verläuft sie milder oder kürzer. Der Haken an der Geschichte: Der Effekt tritt nur bei der alkoholfreien Variante ein. Doch es gibt ein *Happy End:* Wer statt zu normalem Weißbier zu alkoholfreiem greift, spart rund 40 Prozent Kalorien.

3 ALLES IM BUTTER?

GRAMMATIKALISCHE SCHWANKUNGEN

Am Morgen nach dem Hofbräuhaus-Erlebnis können Magdalena und Jochen ausschlafen. Endlich Wochenende! Endlich gemeinsam frühstücken! Darauf freuen sie sich seit Tagen. Außerdem hat Jochen eine Überraschung für seine Liebste. Doch dafür braucht er Ruhe und Zeit mit ihr allein.

Sie sitzen in der kleinen Küche in Magdalenas Wohnung im Münchner Stadtteil Thalkirchen und türmen alles voreinander auf, was sie fürs Frühstück brauchen: Semmeln, wie die Brötchen in Bayern heißen, Croissants, Butter, Schinken und Käse, Marmelade und Ei – und natürlich frisch gebrühten Cappuccino! Allerdings fehlt Magdalena noch etwas.

»Ist es okay, wenn ich den Radio einschalte?«, fragt sie.
»Oder stört er dich? Ich bin es gewohnt, morgens immer etwas Musik und die Nachrichten zu hören. Dann ist es nicht
so leise in der Wohnung. Wobei, wenn du wirklich irgendwann hierherziehen solltest, brauche ich das vielleicht gar
nicht mehr ...«

»Nein, nein«, sagt Jochen. »Ich drehe es morgens auch immer an.« Es irritiert ihn jedoch etwas, dass Magdalena »der
Radio« gesagt hat. Aber egal, jetzt hat er endlich einmal Ge-
legenheit, Bayern 3 zu hören, den Sender, bei dem TV-En-
tertainer Thomas Gottschalk angefangen hat. Als Magdalena
etwas später allerdings fragt: »Kannst du mir bitte den Butter
reichen?«, da kann Jochen sich das Lachen nicht mehr ver-
kneifen.

»Schatz, warum machst du die Butter männlich?« Jochen
findet es wirklich witzig. Sonst legt Magdalena so viel Wert
auf weibliche Formen und spricht immer von »Politikerinnen
und Politikern« und »Ärztinnen und Ärzten«. Kurz bevor sie
ein Paar geworden sind, hatte sie in einem Gespräch erklärt,
warum sie das wichtig findet: »Wenn ich nur die männliche
Wortform verwende, denke ich auch nur über Männer nach.
Auch wenn ich über dich sehr gerne nachdenke«, hatte sie
gesagt. Jochen weiß noch genau, wann das war. Er hatte sie
an dem Tag von ihrer Arbeit abgeholt, vergangenes Jahr, als
sie ihr einjähriges Pflichtpraktikum als angehende Apotheke-
rin bei Bayer in seiner Heimatstadt absolviert hatte. Ein paar
Tage vorher hatten sie sich über seinen Freund und ihren
Kollegen Alexander beim Feierabendkölsch kennengelernt.
Jochen war sogleich angenehm verwirrt gewesen, als sie zugegeben hatte, an ihn zu denken. »Ehrlich, diese attraktive
Münchnerin macht sich Gedanken über mich?«, dachte er.

Sie wiederum vertiefte das nicht weiter, sondern fügte hinzu: »Wir sollten jedenfalls die weiblichen Formen und damit uns Frauen nicht unter den Tisch fallen lassen.« Umso mehr wundert er sich jetzt darüber, dass seine Liebste, wenn sie an Butter denkt, unnötigerweise die männliche Form ins Spiel bringt. »Sagst du ›der Butter‹, weil du mit mir Butter bei die Fische machen magst?«, scherzt er.

»Was soll das denn jetzt?«, entgegnet sie etwas beleidigt.

»Nicht böse sein«, bittet Jochen. »Denn gerade heute will ich mich besonders gut mit dir vertragen.« Er zieht eine kleine Dose aus seiner Hosentasche, öffnet sie, räuspert sich und fragt: »Willst du meine Frau werden, Magdalena?« Dann deutet er auf die kleine Schatulle. »Der, die, das Ring hier drinnen ist für dich, mein Schatz.«

Obacht, neidabbd!

Von »dem Butter« zu reden, ist kein Magdalen'scher Spezialausdruck. Viele Bayern sagen es. Aber warum tun sie das? Aus bayerischer Sicht war das gerade die falsche Frage an dieser Stelle. Korrekterweise müsste die Frage lauten: Warum heißt es in der Hochsprache »die Butter«? Und noch mehr: Warum heißt es nicht »das Teller« und »der Radio«? Die bairische Version des grammatikalischen Geschlechts dieser Begriffe ist nämlich sprachgeschichtlich betrachtet die logischere oder zumindest die genauso offensichtliche – und somit kein bayerischer Sonderweg. Was die Bayern zu ahnen scheinen, ist Folgendes: Das unscheinbare Wörtchen Butter hat sich aus dem altgriechischen Wort für Kuhquark – *boúty-ron* – und schließlich aus dem Lateinischen *butyrum* entwickelt. Den Endungen zufolge war die-der Butter damals noch ein Neutrum. In den romanischen Sprachen, die aus dem Lateinischen entstanden sind, wurde das sachliche Substantiv männlich. Butter wurde im Französischen und Italienischen zu *le beurre* und *il burro* und im verwandten Bairischen eben zu »der Butter«.

Dass sich anderswo »die« Butter herauskristallisiert hat, liegt daran, dass das lateinische *butyrum* in der Mehrzahlform als *butira* auf den Tisch gekommen ist und aufgrund der Endung als weiblich missverstanden wurde.

Auch zum bairisch-maskulinen Artikel des Begriffs Radio servieren uns Sprachforscher eine logische Geschichte. Weil es früher der Radio-Apparat hieß, sagen die Bayern häufig »der Radio« und beziehen sich dabei auf den ursprünglich angehängten männlichen Begriff Apparat. Aus dem Radio-Gerät dürfte sich hingegen in der Schriftsprache »das Radio« entwickelt haben.

Ähnlich verhält es sich beim Begriff Teller, der vom altfranzösischen *tailleoir* abstammt. Hiermit war das Brett gemeint, auf dem Obst, Gemüse und Fleisch klein geschnitten wurden. Damit hierzulande auch dem letzten Küchenjungen klar war, welchem Zweck diese Platte diente, hängte man im Deutschen früher das Wort Brett an. Speisen gab es folglich auf dem *tailleoir-brett.* Von diesem *tailleoir-brett* stammt das sachliche Geschlecht ab, das die Bayern behalten haben – auch nachdem das Wort im Deutschen zum Teller verkürzt wurde. Die Bayern teilen also das Teller aus, um sich darauf den Butter aufs Brot zu schmieren.

Was noch auf dem Tisch steht? In Altbayern findet man manchmal neben »dem Butter« auch »das *Marmelad*« oder als Nachspeis' »den *Schokolad*«. »Das *Limonad*« würde man auch sagen, wenn die Fanta in Bayern nicht ohnehin ganz anders bezeichnet würde – als »das *Kracherl*«. Die Verkürzung zu *Schoko-* und *Marmelad* rührt daher, dass das unbetonte »e« bei den Bayern oft spurlos verschwindet: Sie verkürzen »-ade«-Endungen gerne mal auf »-ad«. Derart abgeschnitten klingen die Begriffe nun in keiner Weise mehr weiblich. Darum gibt es auch keine entsprechenden Artikel mehr, sondern sachliche oder männliche. Wer nun denkt, die Bayern wären bekloppt, sollte wissen, dass es auch in der Schriftsprache vergleichbare Phänomene gibt. Der deutsche Salat etwa ist männlich, obwohl er sich aus dem italienischen, weiblichen Wort *insalata* entwickelt hat. Wir sehen, dass es im Bairischen zahllose Besonderheiten gibt, was die grammatikalischen Artikel betrifft, die für Zugezogene kaum in Gänze zu erfassen sind. Vernünftig ist wohl, schlichtweg zu akzeptieren, dass sich Sprache in Bayern anders entwickelt hat als im Ruhrpott und in Ostfriesland.

NACHNAME, VORNAME

Wenn Jochen in seiner Heimatstadt Wuppertal nach seinem Namen gefragt wird, sagt er »Jochen Weber«. In Bayern, bevorzugt in ländlichen Regionen, dürfte er dagegen zum »Weber Jochen« werden: Im Süden der Republik werden gerne Vor- und Nachname umgedreht. Außerdem wird gerne ein Artikel vor den Namen gestellt. »Die Annika hat heute keine Zeit, aber der Sepp kommt gleich.« »Sepp kommt gleich« – das würde in den Ohren eines Bayern verdächtig nordisch klingen. Eine bayerische Eigenheit ist die Reihenfolge »Nachname, Vorname« nicht. In vielen Ländern ist es üblich, sich auf diese Weise vorzustellen, etwa in China, Korea und Ungarn. Diese Reihenfolge kann durchaus sinnvoll sein. Wenn viele Emmas und Maximilians in einer Schulklasse oder einem Büro sitzen, lässt sich der konkrete Mensch mit seinem Nachnamen oft besser einordnen als mit seinem weitverbreiteten Vornamen.

4 SAG NIEMALS NIE NICHT!

DAS JA-WORT UND DIE DOPPELTE VERNEINUNG

Magdalena lässt ihr Croissant fallen. »Das hätte ich niemals nie gedacht«, sagt sie und beginnt zu stammeln. »Ich ... äh ... ich dachte, das macht kein Mensch im Leben nicht mit mir. Und von dir ... also ... hätte ich gedacht, dass du das nie und nimmer nicht machst ...«

»Was willst du mir sagen?«, antwortet Jochen verwirrt. »Dass du meinen Antrag erwartet hast oder dass nicht?«

Dann muss er grinsen, obwohl er sich noch nicht sicher ist, was Magdalena ihm antworten wird. Doch immer, wenn sie aufgeregt ist, baut sie Satzkonstruktionen, die ihm Spanisch – na ja, eigentlich Bairisch – vorkommen. Das ist ungewohnt für ihn. In der Zeit, in der Magdalena in Wuppertal gewohnt hat, hat sie sich immer – unbewusst, wie sie sagt – ums Hochdeutsche bemüht. »Semmel« und »Servus« waren damals nicht aus ihrem Mund zu hören. Erst jetzt, in München, fällt sie wieder in alte Muster.

»Also, ich würde im Leben niemals nicht Nein sagen«, sagt sie.

Jochen überlegt. War das Magdalenas Ja-Wort? Oder hat sie gerade Nein gesagt? Er muss es wissen und fragt vorsichtig nach: »... aber du findest es doch auch gut mit uns beiden?«

Statt einer Antwort steht sie auf, so ungestüm, dass ihr Stuhl nach hinten kippt. Sie geht zu Jochen und umarmt ihn wild.

»Und ob ich das finde! Ja, ich will dich heiraten«, sagt sie.

»Einfach ja – ohne niemals nie nicht? «, fragt Jochen.

»Einfach ja.«

BAYERISCH VERSUS BAIRISCH

In diesem Buch ist mal »bayerisch« und mal »bairisch« zu lesen. Das bedeutet nicht, dass es mangelhaft korrigiert ist, nein: Es sollte (hoffentlich) an den entsprechenden Textstellen richtig dastehen. »Bairisch« ist die korrekte Schreibweise bei allem, was sich auf die Sprache und den Dialekt bezieht. Geht es um Politisches, Geografisches und Kulturelles, heißt es »bayerisch«. Doch Vorsicht: Im Freistaat sprechen die Menschen nicht nur bairisch, es sind auch fränkische und schwäbisch-alemannische Dialekte zu hören. Andererseits sprechen auch Österreicher, Südtiroler und manche Schweizer bairische Mundart.

Übrigens: Das Adjektiv »bayerisch« existiert auch in der Variante »bayrisch«. Mit »e« wird es in der Regel in der Hochsprache und in Eigennamen geschrieben, etwa wenn es um den Bayerischen Rundfunk oder den Bayerischen Wald geht. Umgangssprachlich aber trifft man häufig auch »bayrisch« ohne »e« an, gerne auf Speisekarten, die bayrischen Schweinsbraten anpreisen. Der Duden erlaubt beide Versionen, wenn es nicht um Eigennamen geht. Ansonsten dürfen Dialektwörter übrigens geschrieben werden, wie der Verfasser lustig ist. Es gibt keine bayerische Rechtschreibung. Auch wenn es um die Landeshauptstadt geht, sind die Schreibweisen »Münchner« und »Münchener« erlaubt. Bis 1998 gab es kurioserweise ein Sicherheitsunternehmen namens Münchener Wach- und Schließgesellschaft, während die Kabarettgruppe Münchner Lach- und Schießgesellschaft heißt. Und der Münchner Merkur erscheint tatsächlich im Münchener Zeitungsverlag. Dem Platz Münchner Freiheit, der früher Münchener Freiheit hieß, wurde 1998 ebenso wie dem U-Bahnhof durch eine offizielle Umbenennung das »e« entzogen. 160 Bürger mussten ihre Adresse ändern, ohne dass sie umgezogen sind. Die gleichnamige Musikgruppe, die unter anderem mit dem Lied *Ohne Dich*

(*Schlaf' Ich Heut' Nacht Nicht Ein*) bekannt wurde, hat das
»e« im Namen übrigens behalten. Man möchte fast sagen:
So ein Schmarr(e)n!

Obacht, neidabbd!

Doppelt verneint hält besser, denken sich die Bayern. Daher
konstruieren sie Sätze im Stile von »Das hätt' ich niemals
nie nicht gedacht« oder »*Der Martin hat koa Freindin ned*«
(Martin hat keine Freundin nicht) – quasi, um die Vernei-
nung zu betonen, und nicht, wie logischerweise vermutet
werden könnte, um zu bejahen: Denn Minus plus Minus
ergibt im Bairischen kein Plus. Rhetoriktrainer würden von
diesem Vorgehen abraten. Um Botschaften zu überbringen,
empfehlen sie sowieso, Sätze positiv zu formulieren. »Martin
ist Single« – das wäre deutlich. Die doppelte bairische Ver-
neinung ist für Nicht-Bayern oft eine extreme Herausforderung, insbesondere wenn der Inhalt des Satzes so wichtig
wie die Reaktion auf einen Heiratsantrag ist. Den Bayern ist
das aber egal, sie verstärken damit ihre Aussage. »In meiner
Familie hat keiner niemals nicht keine SPD ned gewählt«,
so könnte ein typischer Satz lauten, der mathematisch vielleicht kompliziert ist, aber bei dem jeder weiß: Wir alle sind
Stammwähler der CSU. Aber warum sollten die Bayern ihre
Botschaften so formulieren, wenn es fünffach verneint auch
klappt? Und was dem Bayern sein »kein ... nicht« ist – etwa
in »das interessiert keine Sau nicht« –, das ist dem Franzosen
sein »*ne ... pas*« oder den Sängern von Pink Floyd ihr »*We
don't need no education*«.

PARLEZ-VOUS BAIRISCH?

Viele Menschen schimpfen darüber, dass die deutsche Sprache durch und durch von englischen Wörtern durchzogen ist. Das ist sie auch – aber die Bayern treiben es im Speziellen noch doller: Sie haben obendrein viele Wörter aus dem Französischen übernommen – deutlich mehr als die meisten anderen deutschen Dialekte. Das Verb *pressieren* stammt etwa vom Französischen *se presser* (sich beeilen) ab. Wenn es *pressiert*, ist höchste Eile angesagt. Zum Bürgersteig sagen viele Bayern nach wie vor der *Trottoir* und zum Nachttopf *Potschamperl*, was dem französischen *pot de chambre* entspricht. Ebenfalls häufig zu hören ist *wisawi,* was gegenüber bedeutet und auf Französisch *vis-à-vis* heißt. Statt auf dem Sofa liegen viele Bayern auf dem *Kanapee*, genau wie die Franzosen es sich auf *le canapé* gemütlich machen. Der deutsche Adel hatte sich die französischen Begriffe im 17. Jahrhundert gemeinsam mit französischen Möbeln, französischer Mode und französischen Manieren zu eigen gemacht. Als auch Bauern und Kleinbürger begannen, ihre Holzstühle gegen schickeres Mobiliar zu tauschen, bekam auch ihre Alltagssprache ein schickes Vokabel-Upgrade. *Merci* dafür – oder, wie es in Bayern oft heißt, *Measse.*

5 WAU, DER WALDI

DAS *ZAMPERL* ALS HEILIGE KUH

Wie im Urlaub fühlt sich das frisch verlobte Paar beim Spaziergang im akkurat gepflegten Südteil des Englischen Gartens. Magdalena und Jochen bestaunen die Künste der Surfer am Eisbach, genießen die Rhythmen der Trommler auf der Wiese unterhalb des Monopteros – und als sie ebendort zwei Nackte beim Frisbeewerfen sehen, muss Jochen grinsen. »Es gibt sie also wirklich, die weltberühmten Nackerten Münchens! Schon lustig, dass diese Nackedeis hier in der Hauptstadt des erzkonservativen Bayerns offenbar zum Stadtbild gehören, während sie kaum durch den Hyde Park des vermeintlich cooleren Londons oder den Central Park des freakigen New Yorks laufen würden.«

»Ach, eigentlich werden die Nackerten immer weniger«, sagt Magdalena in einem traurigen Tonfall, als würde sie den Verfall einer Münchner Sehenswürdigkeit wie etwa der Frauenkirche beklagen. »Ich sehe jedenfalls nur noch selten welche.« Dann fügt sie mit einem schelmischen Grinsen hinzu: »... aber vielleicht schau ich auch nicht so genau hin wie du.« Als den beiden im nächsten Moment eine Haschisch-Duftwolke in die Nase steigt, lacht Jochen lauthals los. »Ach, ihr Bayern tut immer so brav und sauber und so, als würdet ihr alles verbieten. Und kaum spaziere ich durch euren Vorzeige-Park, fühle ich mich, als wäre ich in einem Saunaclub in Amsterdam.«

Doch bald wird die Stimmung wieder bilderbuchbayerisch. Die beiden gehen am Chinesischen Turm vorbei und beobachten Hunderte oder Tausende von Menschen dabei, wie sie den Herrgott bei Bier, *Brezn* und Blasmusik einen guten Mann sein lassen. Noch idyllischer wird es einige Schritte weiter am Ufer des Kleinhesseloher Sees. Gerade landet ein Schwarm Gänse auf dem Wasser. Ein herrliches Naturschauspiel – mitten in der Großstadt. An der anderen Seite des Sees liegt das Seehaus mit seinem Biergarten direkt am Ufer. Jochen seufzt zufrieden. »Ich könnte mich tatsächlich an das schöne München gewöhnen«, sagt er und zieht Magdalena an sich. »Und an meine schöne Münchnerin sowieso.« Dann küsst er seine zukünftige Braut. »Wollen wir uns auch dort hinsetzen?«, fragt er.

»Ich würde gerne noch ein Stück gehen«, erwidert Magdalena. »Hier ist die Maß fast so teuer wie auf der *Wiesn*. Lass uns zum Aumeister-Biergarten am nördlichen Ende des Englischen Gartens gehen. Dort ist der wildere Teil des Parks, den möchte ich dir gerne zeigen. Wunderschön! Außerdem verirren sich zum Aumeister nicht so viele Touristen, es ist unaufgeregter und authentischer dort. Wirst sehen!«

»Mit dir geh ich überall hin, auch in die Münchner Wildnis«, sagt Jochen – und hält inne. Plötzlich spürt er einen Schmerz in der rechten Wade. Er dreht sich um. Zuerst sieht er nichts, bis er nach unten blickt. Dort springt ein kleiner Hund herum, der ihn offenbar ins Bein gekniffen hat und ihn nun frech anbellt.

»Du kleiner, mieser Kläffer, ja gibt's denn das?«, schimpft Jochen und tritt in Richtung des Hundes, der nun zu jaulen beginnt. »Wer hat dich denn losgelassen? Angekettet gehörst du wie diese anderen herumrennenden Hunde auch! Ich glaub, ich spinne!«

»Jetzt hören Sie aber mal auf!«, ruft eine junge Frau, die heraneilt und offenbar zum Hund gehört. »Waldi wollte doch nur spielen.«

»Wenn Ihr Kläffer auf fremde Menschen losgeht, weil er sie mit seinem Happi verwechselt, gehört er weggesperrt!«, meint Jochen erbost.

»Vorsicht, junger Mann! Leben und leben lassen«, knurrt ihn daraufhin eine ältere Dame an, die wie die junge eine Hundeleine in der Hand hält. Der zugehörige Köter scheint ebenfalls frei herumzulaufen. »Beleidigen Sie diesen bezaubernden *Zamperl* nicht!« Zu der anderen Frau sagt sie: »Von der *Liberalitas Bavariae* hat der Mann offenbar noch nichts gehört!«

Auf dem restlichen Weg zum Aumeister hat Jochen das Gefühl, dass ihn sämtliche Hundehalter – ist hier irgendwo ein Nest? – finster anstarren. Merken sie ihm an, dass er kein Freund wilder Tiere ist?

WELTBERÜHMTE DACKEL – ZUMINDEST IN MÜNCHEN

1. Waldi heißt der berühmte Dackel von Herrn Hirnbeiß. Hirnbeiß ist das von Franziska Bilek gezeichnete Abbild eines Alt-Münchner Grantlers, der seit 1961 und bis heute täglich in der Abendzeitung seinen Senf zum Tagesgeschehen gibt. Waldi ist meist dabei.

2. Ebenfalls Waldi heißt das erste, buntgestreifte offizielle Olympia-Maskottchen für die Sommerspiele 1972 in München.

3. Bis heute hat das bayerische Königshaus Dackel. Berühmt ist etwa »Bürschel«, der treue Freund des natur- und volksnahen Wittelsbacher Kronprinzen Luitpold.

4. Im Münchner Tatort begleitete Dackel Oswald ab 1972 Kommissar Veigl, der von Gustl Bayrhammer gespielt wurde. Als Oswald 1975 starb, veranstaltete der Sender ein Dackel-Casting, um einen würdigen Nachfolger zu finden.

5. Ein Dackel namens Waldmann findet sogar in der ernsten Literatur seinen Platz. In dem vielgerühmten München-Roman *Erfolg* von Lion Feuchtwanger aus dem Jahr 1930 sitzt einer der Protagonisten in einem Lokal der Münchner Innenstadt – und hat das *Zamperl* zu Füßen.

Obacht, neidabbd!

Wenn sie schnell Freunde finden wollen, sollten Neu-Münchner besser in ein Hundehäufchen als in einen Fettnapf treten und dabei ein Auge zudrücken. Denn wenn es um Waldi, Lumpi und Co. geht, verstehen die Münchner keinen Spaß. Der Hund ist in der bayerischen Landeshauptstadt eine heilige Kuh. Vor allem die *Zamperl*, wie kleine Hunde und vor allem Dackel in München genannt werden, gehören zum Stadtbild wie Bier, Weißwurst und Chinaturm. Sie werden heiß geliebt – warum auch immer. Für viele sind Dackel ein Symbol der Stadt. Es wundert fast, dass sie nicht neben den bayerischen Löwen das Bayerische Staatswappen zieren dürfen. Immerhin züchteten schon die Wittelsbacher Dackel. Allerdings strolchen, wie die Boulevardzeitungen Münchens regelmäßig mit lautem Geschrei beklagen, immer weniger Dackel durch die Stadt der Hundeliebhaber. Konkurrenten wie Labradore, elegante Jagdhunde, Münsterländer, Möpse oder Handtaschenhunde wie Chihuahuas sorgen dafür, dass die »Wurst auf Beinen« einigermaßen ausgebellt hat.

Doch egal, um welchen Wauwau es geht, frei herumlaufen darf keiner von ihnen im Englischen Garten – damit hat Jochen vollkommen recht. So viel zur Theorie, in der Praxis interpretieren Münchens Tierfreunde die Parkordnung trotz drohender Geldstrafen recht großzügig. Denn wer, denken sie, wird schon mit Kanonenkugeln auf *Zamperl* schießen? Und auch andere Freunde interpretieren die Parkordnung großzügig: die Freunde des Eisbachsurfens, die nicht surfen dürfen, die Freunde weicher Drogen, die nicht kiffen und schon gar nicht dealen dürfen, und die

Freunde des Fahrradsports, die die Fußwege durch den Park nicht nutzen dürfen.

Wer jedenfalls ins Herz der Münchner Tierliebhaber geschlossen werden möchte, sollte sich als Neuling in der Stadt vielleicht sogar ein *Zamperl* anschaffen. Mit einem Hund an der Leine – oder auch mit einem Hund ohne Leine – kommt man ja so schnell ins Gespräch mit anderen Hundehaltern ... Jochen allerdings muss sich wohl andere Mittel und Wege suchen, um in der Weltstadt mit Herz (für Tiere) so richtig anzukommen.

SKIGESCHICHTE IM ENGLISCHEN GARTEN

Im Sommer ist die Wiese vor dem Monopteros gerne von Nackerten besiedelt, im Winter hingegen tummeln sich hier vor allem Familien im Schneeanzug. Denn der Hügel, auf dem 1836 nach einem Entwurf Leo von Klenzes ein Tempel im griechischen Stil erbaut wurde, eignet sich hervorragend zum Rodeln. In der Geschichte des bayerischen Wintersports hat er sogar eine Schlüsselrolle inne. Er ist der älteste belegte bayerische Skiberg. Wintersport-Pionier August Finsterlin (1846–1927) ließ sich 1888 aus Skandinavien 3,20 Meter lange Ski schicken, um dort hinunterzurutschen. Der Polizei passte das gar nicht, woraufhin Finsterlin an den Schliersee weiterzog, wo er weitere Spuren im Schnee hinterließ.

6 GEOGRAFISCH UNLOGISCH

DAS ALLES IST BAYERN

»Du hast nicht vergessen, dass wir morgen nach Niederbayern fahren, gell?«, fragt Magdalena auf dem Heimweg in der U-Bahn, in der ihnen glücklicherweise keine Hunde mehr begegnen. »Ich freu mich wirklich darauf, dir meine Familie vorzustellen. Und dir meine Heimat zu zeigen. Für meine Familie war es ein Schock, dass ich nach München gezogen bin. Sie können es nicht nachvollziehen, dass ich freiwillig in einer Millionenstadt leben mag.«

»Und ich freu mich, endlich mal etwas von der sagenum-
wobenen bayerischen Landschaft zu sehen: eure Berge und
Seen ... Und darauf, echten Dialekt zu hören und Weißwürste
zum Frühstück zu bekommen.«

»Oh, da muss ich dich enttäuschen, jedenfalls teilweise. Niederbayern ist nicht Oberbayern, dessen herausge-
putzte Dörfer deiner Vorstellung von Bayern entsprechen
dürften mit den Alpen im Hintergrund und den prächtig
geschmückten Bauernhäusern, auf deren Balkonen üppig
wuchernde Geranien blühen. Doch jeder bayerische Regierungsbezirk ist anders und es sieht überall anders aus«, klärt
Magdalena ihren Liebsten auf. »In Niederbayern gibt es maximal 1.500 Meter hohe Erhebungen wie den Großen Arber
im Bayerischen Wald, und auch der ist einigermaßen weit
vom Rottal entfernt, in das ich dich entführe. Seen? Na ja,
ein paar haben wir, aber verglichen mit dem Starnberger See
oder dem Chiemsee sind es nur Pfützen. Aber du bekommst
bodenständiges und weitgehend untouristisches Bayern mit
waschechtem Niederbayern-Dialekt serviert – und Weißwürste, klar, die gibt es bestimmt!«

»Keine Berge? Ehrlich nicht?« Jochen ist verwundert.

»Ehrlich nicht. Aber stattdessen gibt es viele Funklöcher,
vielleicht fast die letzten in der Republik. Das Mobilfunknetz
ist in Niederbayern mitunter so löchrig wie Schweizer Käse.
Und eine malerische Hügellandschaft kann ich dir auch bieten, die bei schlechtem Wetter düster und rau wirken kann.
Ganz besonders, wenn weit und breit keine Menschenseele
zu sehen ist im stellenweise sehr dünn besiedelten Land.«

»Entschuldige, das war ziemlich ignorant von mir. Für
mich war Bayern bisher gleich Bayern gleich Berge, Lederhosen und Seen. Und Föhn.«

»Du bist nicht der Einzige mit dieser Klischeevorstellung im Kopf. Aber alles über einen Kamm scheren darfst du bei uns Bayern nicht, darauf reagieren wir allergisch. Und wenn du deine These, Bayern sei gleich Bayern, einem Franken erzählst, dürftest du noch deutlich größere Probleme bekommen als mit mir jetzt«, sagt Magdalena.

»Uff!«, sagt Jochen. »Ich bin ja schon ruhig und genieße schweigend euer schönes Bayernland, egal ob mit Hügeln oder Bergen. Aber eine Frage habe ich noch. Da wir hier in München in der nördlichsten Stadt Italiens sind, gehe ich davon aus, dass wir uns, wenn wir nach Niederbayern fahren, auf der Landkarte noch weiter gen Süden bewegen. Dann müsste es ja nur noch ein Sprung bis *Bella Italia* sein ... Lohnt es sich, von deinen Eltern aus hinzufahren?«

Magdalena verdreht die Augen. »Ach, Schatz ... Ein Blick auf die Landkarte würde nicht schaden. Ich weiß, dass einige gebürtige Münchner nicht wissen, was wo jenseits ihrer Stadtgrenzen liegt – und ob da überhaupt etwas ist. Bei dir hätte ich solches Unwissen aber ehrlich gesagt nicht vermutet. Niederbayern liegt natürlich weitgehend nördlich von Oberbayern, genau formuliert schmiegt es sich nordöstlich daran. Wir bewegen uns also definitiv von Italien weg und auf der Landkarte nach oben, eher in Richtung Oberpfalz hin, falls es dich dort hinzieht.«

DIE LIEBEN AHNEN

Ursprünglich haben sich die Bayern aus drei Stämmen entwickelt: aus den Altbayern, zu denen neben den Ober-

auch die Niederbayern sowie die Oberpfälzer gehören, aus den Franken und den Schwaben. Sie unterscheiden sich allesamt durch ihren Dialekt, spezielles Brauchtum und ihre Mentalität. Zu den drei Stämmen sind nach 1945 über zwei Millionen Heimatvertriebene gestoßen: die Sudetendeutschen. Über sie hat der Freistaat unter Ministerpräsident Alfons Goppel die Schirmherrschaft übernommen. Die Staatsregierung betrachtet »die sudentendeutsche Volksgruppe als einen Stamm unter den Volksstämmen Bayerns«, wie es in einer Urkunde vom 5. November 1962 heißt. Als im Großen und Ganzen gelungen kann man die Integration der etwa aus Böhmen und Mähren Vertriebenen bezeichnen. Das Wirtschaftswunder in den 50er-Jahren sorgte dafür, dass die Neubürger in den Arbeitsmarkt eingegliedert werden konnten. Sie packten tüchtig mit an. Generell ging dieser vierte Stamm langsam in Bayern auf. Die Vertriebenen blieben nicht unter sich, sondern gehörten dazu. Sie heirateten Einheimische, sodass naturgemäß Stammes- und Kulturgrenzen verschwanden. Das hat natürlich auch eine traurige Folge. Über die Jahrzehnte hinweg gingen viele kulturelle Eigenheiten der Sudetendeutschen verloren, etwa Mundarten, Sitten und Bräuche.

Obacht, neidabbt!

Vielleicht tröstet es Jochen, dass er mit seiner geografischen Unwissenheit in bester Gesellschaft ist. Schwierigkeiten, die bayerischen Regierungsbezirke richtig zu verorten, haben auch manche Politiker, die es schon berufsbedingt besser wissen sollten. Christian Ude etwa, der frühere Münchner Oberbürgermeister, war beim Landtagswahlkampf im Jahr 2013 Spitzenkandidat der bayerischen SPD – und das, obwohl Bayerns Landbevölkerung teilweise arg mit ihm fremdelte. Andersherum war es wohl auch so, denn Ude schien bisher nur geahnt zu haben, dass die Welt hinter Feldmoching noch etwas zu bieten hat. Nichts Genaues aber wusste er nicht, darum steckte er die Stadt Aschaffenburg fälschlicherweise nach Ober- statt nach Unterfranken. Kein Wunder, dass alle ihn, der bayerischer Ministerpräsident werden wollte, deshalb ausgelacht haben. Ude wusste vielleicht, dass Aschaffenburg in Franken liegt und dass es von München aus irgendwo oben ist – weshalb er es wohl in Oberfranken vermutete.

Der damals titelverteidigende Ministerpräsident Horst Seehofer hatte indes nicht wirklich aus Udes Bildungslücke gelernt und Aschaffenburg später in den Westen Bayerns verlegt, also nach Schwaben. Und die Donau ließ er flussabwärts von Deggendorf nach Ingolstadt fließen. Dabei ist es genau andersrum: Die Donau bewegt sich von Ingolstadt nach Deggendorf. Ihr Ursprung liegt im Schwarzwald und sie mündet im Schwarzen Meer.

Wer glaubt, in anderen Parteien wäre das besser, der irrt. Im Auftrag des bayerischen Wissenschaftsministeriums, dem bis 2013 FDP-Mann Wolfgang Heubisch vorstand, wurde eine Webseite eingerichtet, die für ein Studium in Bayern warb. Alle sieben Regierungsbezirke waren darauf abgebildet, inklusive Niederfranken. Niederfranken? Wer das noch nie gehört hat, liegt richtig. Auf der offiziellen Seite der bayerischen Regierung fiel das zunächst nicht auf. Es sei ein Übersetzungsfehler gewesen, erklärte eine Ministeriumssprecherin später. *Lower Franconia* sei aus der ursprünglich englischsprachigen Version eben nicht mit Unterfranken, sondern mit Niederfranken übersetzt worden. »Die Mutter unseres Ministers Heubisch kommt immerhin aus der Region. Er hätte das sicher gewusst«, so die Sprecherin weiter. Ja, ja.

Der ehemalige Münchner Oberbürgermeister, der ehemalige bayerische Ministerpräsident und auch Jochen haben gelernt: Bayern nur auf München und Oberbayern begrenzen zu wollen wird dem vielfältigen Freistaat nicht gerecht. Flächenmäßig ist Bayern 227-mal so groß wie München. Zugegeben: Auf den ersten Blick mag es unlogisch erscheinen, dass Niederbayern auf der Landkarte weitgehend oberhalb von Oberbayern liegt und Unter-, Mittel- und Oberfranken sogar völlig wirr arrangiert zu sein scheinen. Dafür gibt es aber eine nachvollziehbare Erklärung. Es geht tatsächlich um die relative Lage an der Donau und ihren Nebenflüssen. Landschaften werden häufig nach Flussverläufen benannt, sie bestimmen das Oben und das Unten. Es ist ein Naturgesetz, dass Wasser nach unten fließt. Was Oberbayern betrifft, kommen die Alpen erhebenderweise dazu. Rund um die herrliche Berglandschaft werden Gegenden, die näher an den Bergen liegen, als Oben bezeichnet. Unten ist, was weiter entfernt liegt. Das »obere« Bayern ist im Wesentlichen die Region im und vor dem Gebirge. Bei Ober-, Mittel- und Unterfranken geht es um die jeweilige Lage zum Main.

Jochen könnte es nun wie Christian Ude machen. Der kaufte sich eine Bayernkarte und markierte alle Orte, die er besucht hatte, mit Stecknadelköpfen. Wollen wir hoffen, dass er auch in Aschaffenburg war.

Unterfranken

Oberfranken

Mittelfranken

Oberpfalz

Niederbayern

Schwaben

Oberbayern

WO VERLÄUFT DER WEISSWURSTÄQUATOR?

Die politischen und geografischen Grenzen des Freistaats sehen viele Bayern gar nicht so eng. Was für sie zählt, ist die Trennlinie zu den *Preißn* (siehe Seite 58), die als Weiß- wurstäquator bezeichnet wird. Wo diese Grenze genau ver- läuft, darüber gibt es geteilte Ansichten. Grob orientiert sie sich am Verbreitungsgebiet der Münchner Weißwurst.

Am häufigsten ist in dieser geografischen Frage die alt-bayerische Sicht der Dinge zu hören, nach der der Verlauf des Weißwurstäquators dem der Donau entspricht. Franken und große Teile der Oberpfalz wären demnach schon preu-ßisches Hoheitsgebiet. Manchmal wird auch der 49. Breiten-grad als Grenze anerkannt, der knapp nördlich der Donau verläuft und in Höhe von Marktredwitz gemächlich im Frän-kischen ausläuft. Enger sehen es manche Münchner, die den Weißwurstäquator als Kreis mit einem Radius von 100 Kilo-metern um die Landeshauptstadt herum definieren, was so-gar Teile Oberbayerns und Niederbayerns ausschließen wür-de. Großzügiger sehen es die, die den Main als Obergrenze betrachten, was allerdings bedeuten würde, dass fränkische Bratwurstgebiete auch zu Bayern gehören. Das bestreiten allerdings alle Beteiligten mit größter Vehemenz.

7 *HABEDERE*

GRÜSSEN AUF BAIRISCH

Am nächsten Vormittag machen sich die Verliebten auf den Weg nach Niederbayern. Magdalena will Jochen ihre Heimat zeigen – und die Familie soll er auch kennenlernen. Immerhin wollen die beiden tatsächlich bereits innerhalb des kommenden Jahres heiraten – das hatten sie gestern Abend noch besprochen. Nach eineinhalb Stunden Fahrt betreten sie eine andere Welt. Statt des Treibens der Großstadt tut sich im Landkreis Rottal-Inn eine zauberhafte, hügelige Landschaft mit viel Wald, einsamen Bauernhöfen und Traktoren auf den Feldern auf. Als Erstes besuchen die beiden

Magdalenas Opa, der nicht in der Kleinstadt ihrer Eltern wohnt, sondern einige Kilometer außerhalb in einem alten Bauernhaus. Weil keines seiner Kinder den Hof übernehmen und die Arbeit weiterführen wollte, musste er seine Felder verpachten und die landwirtschaftlichen Gebäude als Lagerhallen untervermieten. Sein Lebenswerk, der Bauernhof, sei damit zerstört, hat er Magdalena einmal gesagt. Dass seine Enkelin nun einen *Preißn* heiraten wird, dürfte seine Laune auch nicht heben, vermutet sie. Sie hofft allerdings, dass er vielleicht gar nicht richtig hört, dass Jochen kein Hiesiger ist. Opa ist schwerhörig, was das Zusammensein mit ihm meistens schwieriger, manchmal aber auch leichter macht. Als sie im Hof vor dem Bauernhaus parken, kommt der Opa strahlend zur Tür heraus.

DIE SACHE MIT DEN *PREISSN*

Preißn – das sind für die Bewohner Altbayerns Menschen aus Norddeutschland, unabhängig davon, ob sie dort wohnen oder unpassenderweise sogar in Bayern. Die Grenze zu Norddeutschland, der Weißwurstäquator, wird dabei relativ eng um das »wahre« Bayern gezogen (siehe Seite 55). Selbst Franken sind daher nicht davor gefeit, *Preißn* genannt zu werden – oder zumindest *Lebkuchenpreißn*.

Im Zuge der Globalisierung werden sogar Touristen jeglicher Nationalität als *Preißn* bezeichnet. »*Saupreiß*, japanische« gilt etwa als abwertende Bezeichnung anderer Menschen, deren Nationalität ungeklärt ist oder auch gar nicht geklärt sein will. Ein *Preiß* ist im Grunde jeder, der der bairischen

»*Grias de*«, sagt er zu Magdalena und dann auch zu Jochen und reicht ihm die Hand. Weil Jochen gut erzogen ist, aber nicht richtig verstanden hat, was der Opa gesagt hat, antwortet er mit »Gut«. Magdalena hält kurz die Luft an, aber ihr Opa scheint Jochens Antwort gar nicht gehört zu haben. Offenbar war das eine Begrüßung, mit der die beiden Männer zufrieden sind. Bevor Jochen allerdings die weniger schwerhörigen Familienmitglieder trifft, muss sie ihn darüber aufklären, wie in Bayern korrekterweise gegrüßt wird, jedenfalls außerhalb der Münchner Stadtgrenzen. Als sich Magdalena und Jochen etwas später wieder verabschieden, um in die Kleinstadt weiterzufahren, ruft Jochen dem Opa ein fröhliches »Tschüss« zu. Das versteht jener allerdings. »*Kann er ned Pfiat de sagen?*«, brummt er vorwurfsvoll.

Obacht, neidabbt!

Die Sache mit dem Grüßen ist gar nicht so einfach in Bayern – obwohl sogar der liebe Gott im Freistaat immer mit dabei ist und Schützenhilfe gibt. Was das im konkreten Fall heißt? Jochen hätte auf das »*Grias de*« des Großvaters am besten mit »Grüß Gott« geantwortet. Damit läge er meistens richtig – jedenfalls, wenn er jemanden grüßt, den er nicht so gut kennt.

Hätte er ebenfalls »*Grias de*« gesagt, wäre er womöglich in einen Fettnapf getreten – denn damit hätte er den Opa geduzt, was nicht unbedingt gut angekommen wäre. Denn nur weil ein älterer Herr in Bayern einen deutlich jüngeren duzt, bedeutet das nicht, dass es andersrum auch erlaubt ist. Ein junger Mann, der der bayerischen Sprache mächtig ist, hätte an Jochens Stelle vielleicht »*Griaß eana*« gesagt oder »*Griaß eana God*«. Das bedeutet: »Ich grüße Sie.« Für Jochen ist »*Griaß eana*« aber nicht empfehlenswert, denn, um ehrlich zu sein, will kein Bayer hören, wie sich ein *Preiß* im Dialekt versucht. Das geht nämlich immer schief: Es gibt in Sachen Dialektsprechen offenbar keine Naturtalente aus anderen Gegenden – das scheint Naturgesetz zu sein. Idealerweise sagen Nicht-Bayern also »Grüß Gott«, wenn sie jemandem einen guten Tag wünschen möchten. Apropos: Einen »Guten Tag« zu wünschen, das sollten Ortsfremde übrigens tatsächlich sein lassen, da es in den Ohren der Bayern ebenfalls nicht schön klingt. Ein guter Tag jedenfalls würde nach so einer Begrüßung erst mal eher nicht stattfinden. Noch schlimmer sind für Bayern eigentlich nur noch »*Tach*« oder »*Moin*«.

Warum aber sollte Jochen sein Gegenüber dazu auffordern, Gott zu grüßen? Achtung, Fettnapf: Denn darum geht es nicht! »Grüß Gott« ist ein verkürztes »Grüße dich Gott« – und damit keine Aufforderung, sondern ein Wunsch, der genau genommen »Gott segne dich« bedeutet. Es ist also sehr nett gemeint. Statt »*Grias de*« hätte Magdalenas Opa auch »*Grias de God*« sagen können – auch das ist unter Duz-Freunden und in der Familie weitverbreitet. Werden zwei gute Bekannte begrüßt, eignet sich ein »*Griaß eich*« oder »*Griaß enk*«, was einem »Ich grüße euch« entspricht. Unter Freunden und guten Bekannten ist zudem »Servus«

sehr beliebt – sowohl zur Begrüßung als auch zum Abschied. Umgangssprachlicher sagt man auch »*Serwas*«. »*Seas*« ist vor allem unter jüngeren Menschen der Gruß der Wahl. Und ja, der Begriff *Servus* kommt aus dem Lateinischen und steht für Sklave oder Diener. Wer so grüßt, steht »zu Diensten«. Wer es weniger unterwürfig mag, sagt stattdessen »*Habedere*« oder »*Hawedere*« – vielleicht auch nur »*Dere*«, und zwar ebenfalls beim Kommen und beim Gehen. »Ich habe die Ehre (dich zu treffen)« bedeutet dieser Gruß. Einer Supermarktkassiererin oder Fremden gegenüber wäre er eher respektlos, aber unter Freunden funktioniert »*Habedere*« bestens.

Wer sich mit »Grüß Gott« begrüßt, verabschiedet sich passenderweise mit »*Pfia God*«. Ein »*Pfiat de*« oder ein »*Pfiat di God*« würde das Du voraussetzen. »Behüt dich Gott« beziehungsweise »Behüte Sie Gott« wünscht der Grüßende damit. Von mindestens zwei Menschen verabschiedet man sich mit »*Pfiat enk, Pfiat eich, Pfiats eich*« – und wenn man per Sie ist, mit einem »*Pfiat eana*« oder, wie eingangs erwähnt, mit »*Pfia God*«. Es ist zwar nicht egal, was man beim Kommen und Gehen sagt, aber wie man diese Grüße schreibt, das spielt keine Rolle. Es gibt hierfür keine Rechtschreibregelung.

Für Jochen dürfte es nur theoretisch wichtig sein, über »*Grias de*« und »*Pfiat de*« Bescheid zu wissen, um weiteren Missverständnissen vorzubeugen. Aktiv verwenden sollte er besser nur die Grüße, die er auch aussprechen kann. Mit »Auf Wiedersehen« wäre er beim Abschied jedenfalls gut beraten. »Auf Wiederschauen« wäre noch besser, das klingt sogar einigermaßen bairisch. Fast perfekt wird es, wenn er nur »*Wiederschaung*« sagt. Dass man als Ortsfremder allerdings manchmal lieber grußlos verschwinden möchte, ist auch verständlich …

WIE MAN RICHTIG »*GRIASS DE*« SAGT

	... wenn man per Du ist:	... wenn man einen oder mehrere siezt:	... wenn man Freunde trifft:
Begrüßen	*Grias de / Servus / Habedere*	*Griaß eana / Grüß Gott / Griaß eana God*	*Griaß enk / Griaß eich / Servus miteinand*
Verabschieden	*Pfiat de / Servus / Habedere*	*Pfiat eana / Pfia God / Auf Wiederschauen*	*Pfiat eich / Pfiats eich*

TSCHÜSS, SERVUS UND ADE!

Auch in Franken treffen sich die Leute mit einem herzlichen »Grüß Gott«. Doch beim Abschied gibt es einen fränkischen Sonderweg. Immerhin geht auch »Servus«, aber – wie in Schwaben – ist in Franken häufiger auch ein knappes »Ade« zu hören. »Ade« klingt freilich erst mal ungewohnt und ein bisschen nach romantischem Volkslied. Doch auch hier schwingt der Herrgott mit, wenn auch nicht ganz so offensichtlich. Das Wort stammt vom französischen Adieu, was wiederum *»à dieu«*, also »bei Gott«, bedeutet. »Ade« jedenfalls sagen in Franken alle, die Jungen wie die Alten. In Oberfranken hört man auch die verkleinerte Form – »Adela«. Übrigens: Wenn dort mal jemandem ein »Tschüss« herausrutscht, dürften weniger starke Sanktionen auf ihn warten als etwa in Altbayern. »Tschüss« hat in Oberfranken bereits großen Einfluss und verdrängt manchmal die anderen Abschiedsgrüße. »Na servus« würde ein Niederbayer dazu sagen.

8 KRUZIFIX

BAYERN, EIN KIRCHENSTAAT?

»Bevor wir meine Eltern treffen, möchte ich noch schnell ins Einwohnermeldeamt. Ich habe hier immer noch offiziell meinen Zweitwohnsitz angemeldet. Den brauche ich nicht mehr, ich würde mich gerne austragen«, sagt Magdalena. »Nicht, dass ich es versäume, wenn hier ebenso wie in München die Zweitwohnsitzsteuer eingeführt wird.«

Sie betreten das Rathaus der Kleinstadt. Über der Tür zum Flur, der zu den Serviceräumen des Einwohnermeldeamtes führt, hängt ein Kreuz an der Wand. Jochen erinnert sich, dass Bayerns Ministerpräsident Markus Söder mit Schützenhilfe seiner CSU mitten im Wahlkampf zur bayerischen Landtagswahl festgelegt hatte, dass im Eingangsbereich aller Dienstbehörden des Freistaats ein Kreuz hängen müsse. »So sieht also das Ergebnis dieser Verordnung aus«, denkt Jochen und findet es erstaunlich, wie es in einem Land, in dem Kirche und Staat voneinander getrennt sind, dazu kommen kann. »Hoffentlich«, überlegt er weiter, »ist durch diesen Erlass wenigstens die heimische Wirtschaft gestärkt worden, weil irgendwelche Mittelständler plötzlich Großaufträge zur Kreuzherstellung bekommen haben.«

Vor der Tür zum Einwohnermeldeamt wartet bereits eine Handvoll Leute. »Mist, sonst bin ich hier immer sofort drangekommen«, sagt Magdalena seufzend. »In München muss ich mir einen halben Tag Urlaub nehmen, wenn ich Passangelegenheiten erledigen will. In der Poccistraße habe ich schon mal fast drei Stunden gewartet, bis ich dran war. Hier ging es bisher immer flott. Ich schreibe meinen Eltern mal, dass wir uns ein bisschen verspäten ...«

Nach einer halben Stunde wird Magdalena aufgerufen, Jochen betritt gemeinsam mit ihr den Raum.

»Grüß Gott«, sagen beide, denn Jochen weiß jetzt, wie er korrekt grüßt. Im nächsten Augenblick hat er dann auch den Eindruck, dass ebendieser Gruß erhört wurde, denn an der Wand hinter dem Schreibtisch des Beamten ist ein weiteres Kreuz angebracht. Daneben hängt ein Kalender mit Bildern des emeritierten bayerischen Papstes Benedikt und direkt auf dem Schreibtisch steht eine kleine Marienfigur.

Jochen nickt in Richtung der Figur und flüstert in Magdalenas Ohr: »Ist es üblich, dass ihr Bayern eure Passangelegenheiten in einem Gotteshaus erledigt?« Offenbar war er etwas zu laut, denn der Beamte sieht ihn böse an.

»Haben Sie ein Problem?«, fragt er. Jochen hat das Gefühl, dass der Haussegen in diesen Räumen plötzlich ein wenig schief hängt.

»Nein, aber ich wundere mich, warum hier in staatlichen Gebäuden so viele christliche Symbole hängen«, antwortet Jochen.

»Falls Sie aus der Kirche austreten wollen – das ist bei meiner Kollegin im Nebenzimmer möglich. Es kostet 31 Euro«, informiert ihn der Beamte sichtlich beleidigt.

»So habe ich das doch gar nicht gemeint«, erwidert Jochen, der keine religiösen Gefühle verletzen wollte und nicht einmal Mitglied einer Kirche ist.

Obacht, neidabbt!

Wer über Bayerns Landstraßen fährt, kann sie nicht übersehen: Immer wieder stehen am Wegesrand Kreuze, Marterl genannte Tafeln mit Heiligenbildern und sogar Kapellen. In manchen Orten Bayerns sind christliche Motive wie Schutzheilige oder andere biblische Darstellungen sogar an die Fassaden gewöhnlicher Wohnhäuser gemalt, als Ausdruck des Schutzbedürfnisses der Bewohner und der Gläubigkeit der katholischen Bevölkerung. Ein guter Ort, um diese als Lüftlmalerei bezeichnete Kunst zu sehen, ist das oberbayerische Mittenwald. Hier gibt es besonders viele derart bemalte Gebäude.

BAYERISCHES GRAFFITI

Wer durch berühmte Lüftlmaler-Orte wie Mittenwald oder Oberammergau, Garmisch-Partenkirchen oder Bad Tölz spaziert, sieht jede Menge prächtig bemalte Hausfassaden, alte wie neue. Bis in die Barockzeit reicht die Tradition dieser kunstvollen Fassadengestaltung zurück. Goethe hatte einst über Mittenwald gesagt, es sei ein »lebendiges Bilderbuch« – ein guter Vergleich, der auch heute noch stimmig ist. Die Lüftlmalerei ist eine Art Bayern-Graffiti. Die dargestellten Szenen zeigen oft Geschichten über die Bewohner des Hauses oder aus dem jeweiligen Ort. Sie erzählen von Berufen, von Hoffnungen und Sorgen. Auch Heilige sind beliebte Motive. Sie sollen das Haus und seine Bewohner beschützen und die Frömmigkeit der früheren und heutigen Hausbesitzer verdeutlichen. Konkret ist mal der gekreuzigte Jesus zu sehen, mal die Gottesmutter Maria in Gestalt der *Patrona Bavariae* mit Jesuskind und Zepter. Auch der Heilige Florian als Schutzpatron der Feuerwehr ist häufig an den Fassaden von Wohn-, Feuerwehr- oder Bauernhäusern anzutreffen, während er gerade einen Brand löscht. Wenn die Bayern Florian anrufen, formulieren sie gerne folgenden »frommen« Wunsch: »Heiliger Sankt Florian, verschon' mein Haus, zünd' and're an!« Doch das ist im Grunde nur ein Spruch. Die wenigsten Bayern wünschen sich, dass die Häuser anderer brennen – schon gar nicht, wenn dabei schöne Lüftlmalerei zerstört würde.

Warum diese Kunst der Fassadengestaltung als Lüftlmalerei bezeichnet wird, ist nicht mit Sicherheit überliefert. Möglicherweise kommt es daher, dass der Maler bei der Gestaltung seiner Bilder hoch oben auf einem Gerüst steht, wo ihm auch mal ein *Lüftl* um die Nase weht. Möglicherweise ist der Begriff auch auf den Maler Franz Seraph Zwinck zurückzuführen, der im 18. Jahrhundert zwischen Mittenwald und Oberammergau eindrucksvolle Fassadenkunstwerke geschaffen hat. Das Anwesen der Familie Zwinck trug früher den Hausnamen *Lüftl*.

Gerade in ländlichen Gegenden sind viele Menschen der Kirche tief verbunden. Für viele, vor allem ältere Menschen ist ein Sonntag ohne den Gang zur Messe undenkbar. Dass die bayerische Regierung ihren Behörden seit dem 1. Juni 2018 vorgeschrieben hat, Kreuze in ihren Dienstgebäuden anzubringen, ist für viele bayerische Beamte selbstverständlich und muss nicht erst angeordnet werden. Dass allerdings der amtierende bayerische Ministerpräsident und Protestant Markus Söder ausgerechnet während des Wahlkampfes diesen »Kreuzzug« veranstaltet hat, ließ den Verdacht aufkommen, dass es ihm womöglich um ganz andere Kreuze ging – die auf dem Wahlzettel. Dass er das Christensymbol für seine politischen Zwecke instrumentalisierte – diesen Verdacht hatte nicht nur die Opposition, die sich die Trennung von Kirche und Staat anders vorstellt als der CSU-Politiker; sogar Kirchenmänner hegten ihn.

Laut Söder sei das Kreuz jedoch ein »Bekenntnis zur Identität« und zur »kulturellen Prägung« Bayerns. Es sei kein Zeichen einer Religion und kein Verstoß gegen das Neutralitätsgebot, verkündete er nach dem entsprechenden Kabinettsbeschluss.

Aber was ist das Kreuz dann, wenn nicht Zeichen des Christentums? Eine Art Bayern-Logo wie ein Gamsbart oder ein *Wolpertinger* (siehe Seite 81)? Ein Folklore-Accessoire?

Ein Schelm, wer denkt, Markus Söder habe durch die Umwidmung des Kreuzes als Bayern-Symbol juristisch vorgebaut. Beklagt werden kann die Trennung von Kirche und Staat ja nur, wenn die beklagte Sache eine religiöse ist und keine kulturgesellschaftliche Angelegenheit.

Jochen lernt jedenfalls, dass in Bayern die Kreuze zum Alltagsbild dazugehören wie Berge, Weißwürste – die im kommenden Kapitel aufgetischt werden – und Lederhosen. Den Vorschlag, der Jochen in Anbetracht der erwünschten Trennung von Kirche und Staat in den Sinn kommt, die Bayern könnten statt des sterbenden Christus in den Behörden auch Darstellungen des bayerischen Löwen oder Franz-Josef-Strauß-Bilder anbringen, will im Freistaat keiner hören.

DAS KREUZ MIT DEM KREUZ

Das Kreuz macht den Bayern regelmäßig zu schaffen. Bereits 1995 litten sie unter einem Urteil des Bundesverfassungsgerichts. Damals hatte Karlsruhe die Kruzifix-Pflicht in Bayerns Klassenzimmern beanstandet. Es widerspreche der Religionsfreiheit, wenn Kinder zum »Lernen unter dem Kreuz« verpflichtet werden. Diesem Urteil folgte ein großer Aufschrei in ganz Bayern. Wenig später war klar, dass sich im Freistaat in der Regel ohnehin nichts ändern würde. Renitent ordnete das Parlament im bayerischen Unterrichtsgesetz für alle Grundschulen an, dass in jedem Klassenraum ein Kreuz anzubringen sei, das allerdings nicht als christliches Symbol, sondern als Zeichen der »kulturellen und geschichtlichen Prägung Bayerns« definiert sei. Offenbar um sich juristisch abzusichern, räumte der Landtag Eltern ein Widerspruchsrecht ein. Wenn es jemanden gebe, der das Kreuz im Klassenzimmer weghaben wolle, müsse sich die Schulleitung um eine »gütliche Einigung« bemühen, bei der auch der »Wille der Mehrheit« zu berücksichtigen sei. Die bloße Forderung, das Kreuz müsse weg, dürfte demnach keinen Erfolg haben. Für Lehrer ist es noch schwieriger, einen Unterrichtsraum zu bekommen, der frei von christlichen Symbolen ist. Ein Lehrer einer Grundschule in Neusäß-Westheim bei Augsburg versuchte im Jahr 2008, gegen Unterricht »unter dem Kreuz« zu klagen. Das Verwaltungsgericht Augsburg lehnte seine Klage jedoch ab, genau wie der Bayerische Verwaltungsgerichtshof zwei Jahre später. Der Lehrer erhob daraufhin Verfassungsbeschwerde. Das Kruzifix sei ein christliches Glaubenszeichen und es sei eine »Ausrede«, wenn der bayerische Gesetzgeber es als geschichtlich-kulturelles Symbol bezeichne. Es gehöre zur Fürsorgepflicht seines Dienstherrn, die staatliche Neutralität aufrechtzuhalten. Zum Nachteil des Grundschullehrers wurde die Verfassungsbeschwerde nicht bearbeitet, bis er 2015 in Pension ging. Damit war die Klage hinfällig – es war kein Klagegrund mehr gegeben.

9 WEIL'S NICHT WURST IST

DER WEISSWURST-KNIGGE

»Meine Eltern warten bestimmt schon sehnsüchtig auf uns«, sagt Magdalena zu Jochen, als sie endlich auf dem Weg zum »Gasthof zur Post« sind. Es ist zehn vor zwölf, fast eine halbe Stunde später als geplant. »Ich hoffe, ihr mögt euch. Und ich hoffe, du magst unser Nationalgericht – die Weißwurst.«

Hand in Hand betreten die beiden das Lokal. Magdalena zieht Jochen zu einem Tisch in einer der Ecken des gut gefüllten Raumes, hin zu einem älteren Pärchen. Sie strahlt.

»Schaut, das ist er«, sagt sie und stellt alle vor. »Jochen – meine Eltern.«

Sie schütteln sich die Hände. »Nett sehen Magdalenas Eltern aus«, denkt Jochen.

»Grüß Gott«, sagt er, denn mit diesem Gruß macht er ja nichts verkehrt.

»Grüß euch«, sagt Magdalenas Vater. »Und was für ein Glück, dass ihr endlich da seid. So können wir gerade noch die letzten Weißwürste bekommen!«

Jochen schaut ihn überrascht an. »Warum die letzten?«, fragt er.

»Es ist halt kurz vor zwölf«, antwortet der Vater.

Jochen folgert, dass in diesem Gasthof nur bis 12 Uhr Frühstück serviert wird. Kein Wunder, sie sind ja auf dem Land, mitten im tiefsten Niederbayern. Das luxuriöse Angebot vieler Restaurants, bis 14 oder 16 Uhr oder sogar den ganzen Tag hindurch Frühstück zu bekommen, gilt vielleicht nur in Großstädten.

Die Bedienung kommt und nimmt die Bestellung auf.

»Eine Weißwurst, bitte«, sagt Jochen, denn die bleiche Wurst will er erst mal testen, bevor er sich mehr davon bestellt.

»Oh, dann kommen'S besser wieder, wenn'S Hunger haben«, meint die Bedienung.

Magdalena zischt Jochen ins Ohr. »Bestell zwei, das schmeckt dir schon! Sonst ess ich sie auf!«

»Gut, dann ein Paar.«

»Zwei Stück, meinen Sie.«

»Ja, genau, ein Paar. Gerne mit Ketchup und einer Cola light. Und haben Sie auch Kartoffelsalat?«

Magdalena fällt ihm ins Wort. »Bringen Sie ihm zwei Stück, mit *Brezn* und Bier, bitte.«

»Was soll das denn jetzt?«, empört sich Jochen.

»Ich fürchte, wir brauchen gar nicht erst damit anzufangen, ihm das *Zuzeln* beizubringen«, meint Magdalenas Vater und grinst.

»*Zuzeln?*«, fragt Jochen.

»Unter *Zuzeln* versteht man das Aussaugen des Wurstbräts. Die Wurst wird in die Hand genommen, an der Spitze angebissen und in Senf getaucht«, erklärt der Schwiegervater in spe. »Und dann ist es so weit: Du saugst oder quetschst die Wurst mithilfe der Schneidezähne aus der Wursthaut. Köstlich ist das!«

Im nächsten Moment bringt die Kellnerin bereits Weißwürste, *Brezn* und Bier für alle. Jochen betrachtet die Spezialität, die unappetitlich fettig glänzend vor ihm liegt. Jetzt fällt ihm auch wieder ein, wie Restaurantkritiker Wolfram Siebeck die Weißwurst genannt hat: Albinopimmel.

»Ich geh euch nicht auf den Leim«, sagt er und alle lachen.

WAS IST IN DER WEISSWURST DRIN?

Eine Weißwurst besteht klassischerweise aus Kalbs- und Schweinefleisch. Aber auch Jungrindfleisch, Kalbskopfteile und Schweineschwarten sind in der Regel enthalten.

Gewürzt wird die Fleischmasse mit Zwiebeln, Zitronen-schale und – ganz wichtig – mit Petersilie, die durch die Wursthaut schimmert. Das Rezept dürfte von Metzger zu Metzger variieren. Eins aber gehört in jede »Original Münchner Weißwurst«: Kalbsfleisch. Andernfalls darf sie nicht als »Original« bezeichnet werden. Ist die Fleischmas-se zubereitet, füllt der Metzger sie in Schweinedärme und dreht alles zu zwölf bis 15 Zentimeter langen Würsten à 80 bis 100 Gramm. Wer Weißwürste zubereitet, darf sie nicht kochen. Weißwürste ziehen idealerweise bei offenem Topfdeckel rund zehn Minuten lang. In kochendem Wasser würden sie platzen und an Geschmack einbüßen. Erfun-den wurde das bayerische Nationalgericht angeblich per Zufall von einem Metzgergesellen an einem Faschings-sonntag im Februar 1857.

Obacht, neidabbt!

Sitzen Bayern mit Nicht-Bayern beim Weißwurstfrühstück zusammen, ist eins garantiert: die Rechthaberei der Bayern darüber, wann und wie und womit die Wurst gegessen wird. Es beginnt bei der Uhrzeit. Die Traditionalisten würden nie und nimmer eine Wurst nach dem sogenannten Zwölfer-läuten, also nach 12 Uhr mittags, essen, also *zuzeln*. »Die Weißwurst darf das 12-Uhr-Läuten nicht hören«, heißt es wörtlich im Volksmund. In früheren Zeiten war diese Regel auch sinnvoll. Die Metzger bereiteten das Brät jeden Mor-gen frisch zu und stopften es in Naturdärme. Weil die rohe Wurstmasse schnell verdarb, ging es darum, sie rasch zu ver-brauchen.

Seit der Erfindung des Kühlschranks servieren manche Lokale die Würste nun tatsächlich den ganzen Tag hindurch – und es kommt noch schlimmer: Die bayerische Spezialität kann inzwischen sogar in Norddeutschland vakuumverpackt im Supermarkt gekauft und rund um die Uhr konsumiert werden. Wirte, die das Brauchtum hochhalten, bleiben jedoch dabei, die Weißwurst zwischen Frühstück und Mittagessen anzubieten, idealerweise zum Frühschoppen gegen 10 Uhr vormittags. Traditionalisten nehmen das ernst und sogar die Bayern-SPD hält sich an die Regel mit dem 12-Uhr-Läuten. Der frühere SPD-Landtagsfraktionschef Franz Maget etwa bat die Landtagspresse jeden Dienstag um 11.58 Uhr zum Gespräch in den bayerischen Landtag, nicht erst um 12 Uhr. So konnte er den Journalisten noch guten Gewissens Weißwürste auftischen, während er seinen Senf zur Lage der bayerischen Nation gab.

Weißwürste als Paar zu bestellen, ist zwar ein lässliches Vergehen, traditionell werden sie jedoch stückweise geordert. Wer allerdings nur eine verlangt, fällt als Exot auf. Wer mehr als zwei der gehaltvollen Würste zu sich nimmt, ist sehr hungrig, denn es gibt auch noch Beilagen: süßen Senf, *Brezn* und als passendes Getränk ein Weißbier. Die Weißwürste mit scharfem Senf zu essen, geht gar nicht. Sie in Ketchup statt in süßen Senf zu tunken, gilt als Todsünde. Auch wer statt der *Brezn* Pommes, Kartoffeln oder Kartoffelsalat ordert, entartet Sitte und Brauch. So etwas ist maximal amerikanischen Austauschschülern, aber nicht einmal *Preißn* vorbehalten.

Wie man die Weißwürste isst? Es gibt tatsächlich Bayern, die sie *zuzeln*. Das mag für sie fast so sinnlich und rein technisch ähnlich wie das Erzeugen von Knutschflecken sein, allerdings mit dem Ergebnis, dass nach einiger Zeit die Wurst komplett im Mund landet. Die weniger strengen Bayern erlauben sich und anderen indes, Besteck zu verwenden. Doch auch hier gilt, es richtig zu machen. Die vermutlich einfachste korrekte Variante ist, mit der Gabel in die Mitte der Wurst zu stechen und sie der Länge nach in zwei Hälften zu schneiden, dabei allerdings nicht die Unterseite der Haut zu durchtrennen. So ist es möglich, mit dem Messer die beiden Hälften der Weißwurst nacheinander langsam aus der Haut zu schaben. Ganz einfach, oder? Mahlzeit!

EIN WEISSWURST-BETTHUPFERL ZUM FRÜHSTÜCK

Nicht nur vormittags wird das bayerische Nationalgericht verspeist – in Bayern gibt es einen Brauch namens *Donisln*, bei dem nach einer langen Ballnacht gerne auch mitten in der Nacht in einem Wirtshaus Weißwürste und ein letztes Bier serviert werden. Zeitlich ist das *Donisln* zwischen 3 und 12 Uhr morgens angesiedelt. Gefrühstückt wird hierbei nicht nach dem Aufstehen, sondern vor dem Einschlafen.

Der Begriff *Donisln* geht auf die Münchner Traditionswirtschaft Donisl zurück, die 1715 als »Reale Bierwirtschaft zur Alten Hauptwache« gegründet wurde, ebenfalls noch im 18. Jahrhundert nach dem Wirt Dionysius Haertl den Namen Donisl erhielt und ihren Sitz bis heute direkt am Marienplatz hat. Früher servierten die Wirte dem Partyvolk dort in der Nacht zum Faschingsdienstag Tausende Weißwürste. Heute verkörpert der »neue« Donisl nach einer Neueröffnung im Jahr 2015 »die nächste Generation bayerischer Tradition« und bietet statt massenweise Weißwürste höherpreisiges Weißwurst-Carpaccio mit süßem Senf, *Breznmousse* und Weißbierkaviar an.

10 HASE KÜSST REH

DIE AUFREGENDE JAGD NACH DEM *WOLPERTINGER*

Erst als die Weißwurst verputzt ist und nur noch wenig appetitlich aussehende Haut auf seinem Teller liegt, entspannt sich Jochen. Wie kann man nur ein derart kompliziertes Verfahren entwickeln, um an die Wurst zu kommen? Das passt gar nicht zu den ansonsten eher entspannten Bayern, findet er. Mit den Stäbchen einzelne Reiskörner aus asiatischen Currygerichten zu fischen – das bekommt er jedenfalls besser hin. Auch Hummeressen fällt ihm leichter als Weißwurstpellen.

Er sieht sich im Restaurant um. »Das verstehen die Bayern also unter einem gemütlichen Wirtshaus«, denkt er mit Blick auf die mit dunklem Holz vertäfelten Wände, den Boden aus breiten Eichenbalken, die umlaufende Sitzbank. Die ebenfalls dunklen Tische und Stühle und die Kommode wirken schwer. In einer Ecke der Gaststube ist ein Kruzifix angebracht. Einige Geweihe, die wohl einst zu prächtigen Hirschen gehört haben, hängen an den Wänden. Auf einer Kommode steht ein ausgestopfter Fuchs, der leer in den Raum starrt. Und auf dem Sims eines Kachelofens entdeckt Jochen ein weiteres präpariertes Tier, das er nie zuvor gesehen hat. Es hat den Kopf eines Hasen, statt Ohren aber wuchsen ihm kleine Hörner. Scharfe Zähne ragen aus seinem Maul, am Rücken sind Federn angebracht und statt auf Pfoten ist das Tier einmal auf Entenfüßen gelaufen.

»Was ist das denn?«, fragt Jochen in die Runde und deutet auf das erstaunliche Vieh. Er muss an die Reime aus dem Kinderbuch *Der Grüffelo* denken, das er seiner Nichte früher in Endlosschleife vorlesen musste. »Wer ist dieses Wesen mit schrecklichen Klauen und schrecklichen Zähnen, um Tiere zu kauen? Mit knotigen Knien, einer grässlichen Tatze und vorn im Gesicht einer giftigen Warze ...« Doch das Wesen auf dem Kaminsims stammt nicht aus einem Kinderbuch. Es hat Fell, einen echten Tierkopf mit vom Tod starren Augen. Jochen könnte es anfassen, wenn er präparierte Tiere nicht so gruselig fände.

Magdalena und ihre Eltern schauen sich an.

Ihr Vater sagt: »Was der Wirt da gefangen hat, das soll er dir am besten selbst erzählen.« Er ruft nach Erwin, dem Wirt, der sich sogleich an den Tisch setzt.

»Meinen *Wolpertinger* hast du entdeckt!«, freut er sich. »Auf den bin ich ein bisschen stolz. Er ist der Fang meines Lebens!«

Jetzt ist Jochen gespannt. Der Wirt erzählt. *Wolpertinger* wie dieser seien in Bayerns Wäldern zu Hause, sie seien keine leichte Beute und sehr schlau. Es gebe viele Jäger, die in ihrem Leben keinen einzigen sehen. Der Bestand sei gefährdet. Daher habe Erwin vor ein paar Jahren bei der Jagd großes Glück gehabt.

»Wenn, dann lassen sie sich nur in Vollmondnächten blicken. Der Jäger hat nur eine Chance, wenn es ihm gelingt, Salz auf den Schwanz des Tieres zu streuen. Das hab ich geschafft, so hab ich ihn gekriegt.«

»Aber was ist das nun für ein Tier? Eine Hasenart?«, fragt Jochen.

»Hase ist auch mit drin«, bestätigt Erwin. *Wolpertinger* seien Kreuzungen aus verschiedenen Tieren, zwei bis acht Tierarten könne ein einzelner in sich vereinen. Mit einer Paarung aus Hase und Reh soll alles begonnen haben. Weil sich die daraus hervorgegangenen *Wolpertinger* noch mit anderen Tieren zusammengetan hätten, um Nachwuchs zu zeugen, entstanden irgendwann Tiere mit Anteilen an Mardern, Hechten, Füchsen und Fasanen. Praktisch alle wilden Tiere, die es in Bayern so gibt, stecken irgendwann in einem *Wolpertinger*.

»Manche *Wolpertinger* haben sogar einen *Oachkatzlschwoaf*«, sagt Erwin und lacht.

»Einen was?«, fragt Jochen.

Magdalena erklärt ihm, dass *Oachkatzlschwoaf* das bairische Wort für den Schwanz eines Eichhörnchens ist. Plötzlich bitten alle am Tisch darum, dass auch Jochen einmal *Oachkatzlschwoaf* sagen soll.

»*Ochkatzlschwuff*«, sagt er. Alle lachen über seine Aussprache. Jochen selbst findet sie gar nicht so schlecht.

SAG MAL *OACHKATZLSCHWOAF!*

Man möchte meinen, *Oachkatzlschwoaf* sei das wichtigste bairische Wort, denn es ist in der Regel das erste, das Touristen lernen sollen, wenn es nach den Bayern geht. Immer und immer wieder werden Nicht-Bayern dazu genötigt, den Begriff zu sagen. Die Bayern amüsieren sich königlich darüber. Das Wort originalgetreu nachzusprechen, ist für Bayern-Neulinge nämlich praktisch unmöglich. Die Versuche, es doch zu tun, klingen sehr ulkig. Jeder amerikanische Austauschschüler, jeder Tourist aus Ostfriesland und jeder Student aus Mannheim wird daher aufgefordert, sich in der Aussprache von *Oachkatzlschwoaf* zu üben – noch vor *Grias de* und *Wiederschaung* (siehe Seite 57). Die Bairisch-Tests, die gerne in geselliger Runde vollzogen werden, gehen meistens noch weiter. *Stuihax*, also Stuhlbein, ist auch so ein Wort, das Touristen gerne vorgesetzt wird, genau wie *Stiangglanda*, was Treppengeländer bedeutet. Fortgeschrittene dürfen sich dann noch in Zungenbrechern versuchen, wie *I ha eam aa a oa owe ghoid*, was auf gut Deutsch »Ich hab ihm auch ein Ei runtergebracht« heißt, oder *Maria, drah d'Antn um, und brots drent o.* Die Übersetzung lautet: »Maria, dreh die Ente um, und brate sie auf der anderen Seite an.«

So eine Gaudi, finden die Bayern. Aber verstehen sie selbst alles, was sie im Wirtshaus verzapfen? *I moan scho aa!*

Der Wirt erzählt weiter vom »Fang seines Lebens«. Selbst der Tierpräparator habe noch nie so ein herrliches Tier gesehen. Er habe zwar schon ein paar wenige andere *Wolpertinger* in seiner Werkstatt gehabt, aber durch die wilden Paarungen sehe jeder anders aus. Erwins Beute sei die originellste von allen.

Fast genauso wüste Tierkombinationen könne Jochen jedoch sehen, wenn sie wieder in München sind. Im Deutschen Jagd- und Fischereimuseum gebe es ebenfalls präparierte *Wolpertinger* zu bestaunen.

»Du kannst natürlich auch versuchen, in unseren bayerischen Wäldern einen lebendigen zu entdecken. Aber es ist sehr unwahrscheinlich, dass das klappt, so scheu, wie die Tiere sind«, sagt Erwin. »Da gehört viel Glück dazu.«

»... oder ein mächtiger Rausch«, ergänzt Magdalenas Vater und hebt sein Weißbierglas.

»Prost«, sagen alle und lachen. Jochen hat das Gefühl, sie lachen ihn aus.

Obacht, neidabbt!

Jochen hat gerade mitgemacht, was vielen Nicht-Bayern in den Wirtshäusern Einheimischer passiert. Mit Geschichten um geheimnisvolle *Wolpertinger* werden Touristen und Zugezogene gerne reingelegt. Denn, um es vorwegzunehmen und den Mythos zu zerstören: Es gibt sie nicht wirklich. Die Wesen, die in manchen Wirtshäusern, Souvenirläden und auch in seriösen Jagdmuseen stehen, sind keine biologische Kreuzung aus verschiedenen Tieren, sondern eine rein technische. Im 19. Jahrhundert begannen Tierpräparatoren – warum auch immer – damit, Körperteile verschiedenster Tierarten zu einem neuen Tier, dem *Wolpertinger*, zusammenzuflicken, um dieses an leichtgläubige Touristen zu verkaufen. Kein *Wolpertinger* sieht letztlich aus wie ein anderer. Mal erinnert er an ein Eichhörnchen mit Entenschnabel und -flügeln, mal an einen Hasen mit Hörnern und Marderzähnen. Sogar Wildschweinteile und Hechtflossen sind an *Wolpertingern* zu entdecken.

Geschichten darüber, wie sich die Jagd nach den Wesen gestaltet habe, gibt es zahllose – und sie variieren stark. Gern wird behauptet, der *Wolpertinger* würde sich nur schönen, jungen Frauen zeigen, und das auch nur, wenn sie bei Vollmond in Begleitung ortskundiger, starker Männer am Waldrand lauern. Erzählt wird auch, dass Jäger nur eine Chance auf die begehrte Beute haben, wenn sie vorher Salz auf den Schwanz des *Wolpertingers* streuen.

Wer ihnen zu nahe kommt, riskiere zudem kosmetische Probleme. Gelangt nämlich Speichel auf die Haut des Jägers, sollen auf der Hautstelle plötzlich dichte Haarbüschel sprießen. Wer Pech hat, bekommt auch den Geruch ab, den der *Wolpertinger* bei seiner Verteidigung versprüht, der bestialisch stinken und jahrelang am Jäger haften bleiben soll. Offenbar stecken auch ein paar Stinktiergene im gemixten Vieh.

Woher der Begriff *Wolpertinger* kommt, ist nicht erwiesen. Vermutlich aber hat der Glasmacher-Ort Wolterdingen bei Donaueschingen zur Namensgebung beigetragen. Dort wurden Schnapsgläser in Form von Tieren angefertigt, die Wolterdinger genannt wurden.

ZU BESUCH BEI DEN *WOLPERTINGERN*

Es wird leicht übersehen: das Deutsche Jagd- und Fische-reimuseum mitten in der Münchner Fußgängerzone in der Neuhauser Straße 2, zwischen Stachus und Marienplatz. An dieser Stelle rechnet kaum jemand mit einem Museum – erst recht mit keinem, das in einer ehemaligen Augustiner-kirche untergebracht ist. Die Fassade des Baus sollten sich Besucher übrigens genau ansehen. Es ist beeindruckend, wie die Kirche in die Fußgängerzone integriert ist und heute sowohl ein Museum als auch kleine Geschäfte beherbergt. Vor dem Museumseingang stehen zwei große Tierplasti-ken – ein Bronzekeiler und ein Wels –, die schon mal einen Vorgeschmack auf das geben, was die Besucher in den Räu-men der gotischen Basilika erwartet. Präparierte Wildtiere wie etwa ein irischer Riesenhirsch und ein Höhlenbär sowie präparierte heimische Süßwasserfische sind in der Samm-lung zu sehen. Jagdwaffen vom 15. bis zum 20. Jahrhundert und eine Angelhakensammlung zeigen, womit die Tiere er-legt wurden. Ein Highlight des Hauses ist die Präsentation der *Wolpertinger*.

11 ICH WÄR SO WEIT

DER BAIRISCHE KONJUNKTIV

Jochen steht vor dem Spiegel des Badezimmers seiner zukünftigen Schwiegereltern und macht sich fertig für den Abend. Er cremt sich sorgfältig ein und putzt die Zähne. Magdalena hat eine Überraschung für ihn geplant. Einen Ausflug. Wohin es wohl geht, hier, in der niederbayerischen Provinz?

»Ich wär so weit«, ruft die Schwiegermutter, die die beiden, so hat Jochen es verstanden, zum Bahnhof bringen wird. Sie wäre so weit? Sie wäre so weit, wenn ...? Was will sie damit sagen?

Da ist ein widerspenstiges Härchen in Jochens linker Augenbraue. Er nimmt die Nagelschere von der Ablage und schneidet es kurz. Beim Blick in den Spiegel muss er grinsen. Wegen seines gepflegten Aussehens halten die Naturburschen ihn, den gecremten Preußen, bestimmt für schwul. Na ja, aber das Bild, das er von den Bayern hatte, stimmt ja auch nicht mit dem überein, wie viele von ihnen tatsächlich sind. Bei den meisten handelt es sich nicht um ungepflegte Naturburschen mit Ästen, Heu, Gräsern und kleinen Insekten im Haar und Borsten am Rücken. »Außerdem«, denkt Jochen und lacht in sich hinein, »hätten sie schon recht, wenn sie mich für einen Schnösel halten.« Er nimmt eine Nagelfeile und bringt damit seine Fingernägel in Form, bevor er das Badezimmer verlässt.

Magdalena und ihre Mutter stehen im Flur. Die Mutter hat einen hochroten Kopf. Jochen hört, wie sie ihrer Tochter zuzischt: »*So lange kann ich fei nicht warten. Host mi?*«

»Ach, ihr wartet schon?«, fragt Jochen. »Das wusste ich nicht. Dann beeile ich mich.«

Magdalena zieht ihn zur Seite und raunt in sein Ohr: »War das nötig? Sie hat doch längst gesagt, dass sie losfahren mag. Lass uns doch nicht so dumm rumstehen!«

Jochen versteht die Welt nicht mehr. Was hat er denn nun schon wieder verbrochen? Die Schwiegermutter war doch gerade eben selbst noch nicht fertig!

»Das wär nicht nötig gewesen«, sagt er zu seiner Verteidigung, »dass du mich so anschnauzt.« Magdalena verdreht die Augen.

Obacht, neidabbt!

Der Konjunktiv, so hat Jochen es in der Schule gelernt, beschreibt, was möglich, erreichbar – oder nicht mehr erreichbar ist, was erwünscht oder befürchtet wird. Grundsätzlich, so hat es ihm sein Deutschlehrer erklärt, drückt er Handlungen aus, die (noch) nicht geschehen sind. Das »Ich wär so weit« seiner künftigen Schwiegermutter bedeutet für Jochen demnach ganz klar: Sie ist noch nicht so weit. Irgendetwas muss sie noch erledigen, bis sie startklar ist. Er kann sich folglich ebenfalls noch Zeit lassen. Leider hat Jochen an dieser Stelle falsch gedacht. Es gibt nämlich auch einen bairischen Konjunktiv. Je nach Tonlage kann Schwiegermutters Satz darum bedeuten: »Ihr sollt wissen, dass ich abfahrbereit bin. Macht euch also auch fertig, damit wir losfahren können!« Oder es ist akuter und drängender gemeint, im Sinne von: »Höchste Eisenbahn! Ich bin längst fertig und stehe mir hier die Beine in den Bauch. Beeilt euch mal, es kann nicht sein, dass ihr ewig im Bad herumtrödelt. Wir müssen schleunigst losfahren. Es pressiert!«

Zugegeben, für Nicht-Bayern ist es schwierig, das alles aus dem vergleichsweise höflich klingenden »Ich wär so weit« herauszuhören. Als Jochen darüber nachdenkt, fällt ihm noch eine andere vergleichbare Situation ein, bei der Kaffeetafel am Tag zuvor. »Der Kaffee wär fertig«, hatte die Schwiegermutter gesagt. Jochen musste dabei an das Lied von Peter Cornelius denken. »Der Kaffee ist fertig, klingt das ned unheimlich zärtlich? Der Kaffee ist fertig, klingt das ned unglaublich lieb?«

Zärtlich und lieb hat der Satz aus dem Mund von Magdalenas Mutter nicht geklungen, in der Tat schwang ein Drängeln

mit. Für Jochen hat es sich dennoch nicht nach servierferti-
gem Kaffee angehört. Im Nachhinein ist er sich jedoch sicher,
dass der Satz bedeutet hat: »Der Kaffee ist fertig, aber keinen
interessiert das. Was seid ihr nur für eine undankbare Familie, dass ihr euch nicht an die Kaffeetafel setzt?« Gut, dass er
Magdalena gestern gefolgt ist und sich am Kaffeetisch darüber gewundert hat, dass doch bereits vollständig gedeckt war.

Jochen lernt, dass der Konjunktiv in Bayern nicht nur eine
wichtige Information darüber, was gerade passiert ist, enthalten kann, sondern dass häufig auch eine Aufforderung
mitschwingt. »Der Zucker täte fehlen.« Auch das war beim
gestrigen Kaffeetrinken sicherlich mehr als eine Feststellung.

Trotzdem fragt sich Jochen, warum die Bayern nicht wirklich sagen, was sie denken, und stattdessen einen unschul-
digen Konjunktiv einsetzen, der oft höflicher klingt, als er
gemeint ist.

Zum höflichen Neinsagen taugt der bairische Konjunktiv
übrigens auch. Wer auf die Frage »Wollen wir heute Abend
ausgehen?« ein »Des könnt ma scho machen« hört, kann an-
nehmen, dass sein Gegenüber keine Lust hat. Mit Bairisch-
kenntnissen, wenn Jochen sie denn haben täte, hätte er es
deutlich leichter in Magdalenas Heimat.

FEI ALS LIEBLINGSWORT

Wenn das Wörtchen *fei* nicht wär, wär die Welt *fei* ganz schön
leer. Das kleine Wörtchen *fei* dürfte Touristen und Zugereis-
ten ziemlich bald über den Weg laufen, denn die Bayern
lieben es, ihre Sätze damit aufzufüllen und zu verstärken.

Beziehungsweise ... die Bayern lieben es *fei*, ihre Sätze damit aufzufüllen und zu verstärken. »Das Wetter ist *fei* nicht schön«, »*I mog di fei*«. Mit *fei* unterstreichen die Bayern, was sie gesagt haben. Es entspricht im Hochdeutschen am ehesten »halt«, »eben«, »wirklich«, »schon«, »wohl«, »doch« oder »nur« und ist ein sehr nützliches Wort. Man kann damit auch drohen (»Komm mir *fei* ja nicht zu nahe«) oder bitten (»Pass *fei* gut darauf auf«). Beim Wettbewerb »Mein liebstes bayerisches Wort« wurde *fei* im Jahr 2004 *fei* zum gesamtbayerischen Sieger gekürt.

12 DIE DOMSTADT, DIE VIELE REGISTER ZIEHT

POLITIK, POINTEN – PASSAU!

»Es geht nach Passau«, verrät Magdalena am Bahnhof. Den Zug, in den sie steigen, bezeichnet sie als Rottalbahn, was in Jochens Ohren nach Bummelzug klingt. In dieser Rottalbahn befahren sie einen Teil der mit 97 Kilometern längsten Zugnebenstrecke Bayerns, die Neumarkt-Sankt Veit und Passau verbindet. Kurgäste aus ganz Deutschland nutzen sie, um das niederbayerische Bäderdreieck, die Kurorte Bad Füssing, Bad Griesbach und Bad Birnbach, zu erreichen. Magdalena doziert das alles mit Stolz. Aus einer Gegend zu stammen, in die andere zur Erholung fahren – das fühlt sich gut an. Ein bisschen misslich ist, dass die Fahrt mit der Bahn von Pfarrkirchen nach Passau ungefähr doppelt so lange wie mit dem Auto dauert – Stichwort: Bummelzug. Aber Magdalena freut sich darüber, Jochen die unaufgeregte Landschaft Niederbayerns durchs Zugfenster zeigen zu können. Außerdem schadet es nicht, später in der Dreiflüssestadt ohne Reue das berühmte Hacklberger Bier genießen zu können.

Hügelige Natur sehen die beiden und am Horizont entdecken sie immer wieder einen alleinstehenden Bauernhof. Als der Zug kurz am Bahnhof von Karpfham hält, erklärt Magdalena, dass hier im Spätsommer immer ein zünftiges Volksfest stattfindet – das drittgrößte Bayerns nach dem Oktoberfest in München und dem Gäubodenfest in Straubing.

»Ich hätte ja vermutet, dass wir zu so einem Bierfest fahren«, sagt Jochen.

»Falsch vermutet«, erwidert Magdalena. »Ich verrate dir erst in Passau, was wir heute Schönes unternehmen, und ich hab den Eindruck, du errätst es nicht.«

In Passau schlendern die beiden vom Bahnhof aus durch Geschäftsstraßen und Fußgängerzone bis zur Altstadt mit ihren kleinen Gässchen, vorbei am Dom St. Stephan mit der weltgrößten Kirchenorgel aus 17.774 Pfeifen und 233 Registern. Schließlich gelangen sie zum Ufer des Inns. Direkt am Fluss führt sie eine herrliche Promenade bis zur Ortsspitze, an der Donau und Inn zusammenfließen. Jochen macht große Augen. »So schön ist es bei uns in Wuppertal nicht, bei uns gibt's nur einen Fluss«, sagt er staunend. Die mächtigen Gewässer beeindrucken ihn sehr, genau wie der Blick zur Veste Oberhaus, eine der größten erhaltenen Burganlagen

Europas, und zur Wallfahrtskirche Maria Hilf. »Und die Hügel dort«, sagt Magdalena und deutet nach vorne, »die gehören bereits zu Österreich.«

Jochen genießt es, hier zu stehen. Er kann sich aber gut vorstellen, dass die heute so herrlichen Flüsse regelmäßig Passaus Altstadt heimsuchen und dort für Überschwemmungskatastrophen sorgen.

»Spuck's aus«, fordert er. »Wohin gehen wir heute Abend? Zu einem Bierfest?«

»Falsch geraten.«

»Der Politische Aschermittwoch der CSU findet ja ausgerechnet heute nicht statt«, meint er mit einem Grinsen. »Sonst hätte ich darauf getippt. Aber der ist genau genommen ja auch ein Bierfest. Was soll es hier sonst noch geben außer Volksfesten? Einen Gottesdienst im Dom?«

»Mein Lieber, wenn du denkst, Passau kann nur konservativ und Kirche, dann täuschst du dich. Du bekommst gleich ein Kontrastprogramm für deine Klischees im Kopf. Wir verbringen den Abend in der bayerischen Wiege des Polit-Kabaretts.«

FARBENSPIEL DER DREI FLÜSSE

In Passau fließen drei Flüsse an einem Punkt zusammen? Nun ja, spitzfindige Beobachter pochen darauf, dass die Ilz bereits vor dem Inn in die Donau fließt. Allerdings flossen Ilz und Inn bis zum 19. Jahrhundert tatsächlich am selben Punkt in die Donau. Die spitzfindigen Beobachter sollten sich daher lieber auf etwas anderes konzentrieren, denn an der Ortsspitze ist ein wunderbares Farbenspiel zu beobachten. Das Wasser des Inns nämlich kommt in Grün daher, das der Ilz in Schwarz und das der Donau in Blau – wobei das Grün des Inns augenscheinlich dominiert. Manche kritisieren daher, dass die Flüsse letztlich zur Donau und nicht zum Inn werden, auch weil der Inn zur Hochwasserzeit mehr Wasser führt.

Obacht, neidabbt!

Wenn Jochen provinzielle Kulturwüste finden will, muss er woanders suchen – und er wird bestimmt auch fündig in Niederbayern, aber in Passau nun einmal nicht. In vielen Belangen wird die barocke Dreiflüssestadt ihrem Klischee allerdings durchaus gerecht. Im Großen und Ganzen ist sie ein bürgerliches, katholisch geprägtes Örtchen. Auch die Studenten scheinen konservativer daherzukommen als in anderen Unistädten. Selbst die »Siegelring und Seidentuch«-Quote soll am Campus höher als anderswo sein. Doch was das Kulturleben betrifft, hat Passau mehr zu bieten als Aschermittwoch-Politshows und Brauereibesichtigungen. Es gibt hier etwa Weltklasse-Orgelkonzerte im Dom und die Festspiele »Europäische Wochen«, die international zu den musikalischen Festspielhöhepunkten zählen. Von weither reisen Festivalgäste auch jedes Jahr im Juli an, zum Eulenspiegel-Festival an der Ortsspitze mit bekannten Bands und Kabarettisten aus ganz Deutschland. Das Museum Moderner Kunst lässt sich ebenfalls sehen. Was aber – neben dem 2018 eröffneten Dackelmuseum – die ungewöhnlichste Besonderheit sein dürfte: Passau gilt als die Wiege des bayerischen Polit-Kabaretts. Vielleicht ist das allerdings gar nicht so ungewöhnlich, denn abwegig ist der Gedanke nicht, dass scharfzüngiges Kabarett am besten als Gegenbewegung in einer krachkonservativen Gegend entstehen kann, in der etwa Kirche, CSU und Monopolzeitung das Sagen haben. Sigi Zimmerschied, einer der Kabarettisten, die schon in den 70er-Jahren ihr Unwesen getrieben haben, sagte denn auch einmal: »Eigentlich kannst' Kabarett ja nur in der Provinz machen. Weil in München, da wedeln's ja no fröhlich, wenn du ihnen auf den Schwanz trittst. Aber in Passau, da bellen's und beißen's.«

Gemeinsam mit Bruno Jonas hatte er die Kabaretttruppe *Die Verhohnepeopler* gegründet – und als erstes Stück eine Himmelskonferenz aufgeführt, mit einem depperten Gottvater, einem betrunkenen Heiligen Geist, einem kiffenden Jesus und einer von Petrus geschwängerten Maria. Die Stadt war schockiert und die allmächtige Passauer Neue Presse verhängte sogleich einen Totalboykott über alles, was Zimmerschied von nun an machte. Doch Unterdrückung bringt Aufmerksamkeit und so bekamen die Kabarettisten von damals landesweit ihre Fans. Die überregionalen Feuilletons bejubelten sie, sie heimsten Kabarettpreise ein – und mit dem Scharfrichterhaus, das 1977 als »Forum der Gegenöffentlichkeit« eröffnete, bekamen sie auch in Passau eine Bühne angeboten. Mit den Jahren wurde das Scharfrichterhaus zur Institution, in der das *Who's Who* des politischen Kabaretts auftritt und jährlich um das Scharfrichterbeil, einen begehrten Kabarettpreis, kämpft. Hape Kerkeling und Urban Priol haben es bereits verliehen bekommen. Inzwischen ist die Stadt sogar stolz auf die Kabarettbühne – und die Passauer Neue Presse verkauft Karten dafür. Feind dieser Kulturszene ist nur noch das Hochwasser, das 2013 das Scharfrichterhaus arg traf. Doch auch wenn die Veranstaltungen dort nach wie vor hochwertig sind, munkeln böse Zungen, dass das bessere Kabarett von der CSU am Aschermittwoch in der Dreiländerhalle veranstaltet werde. Jochen hatte also zu Recht vermutet, dass er auch dort vergnügliche Stunden verbringen könnte.

13 BAYERN, DIE BELLEN, BEISSEN NICHT

TIERISCHE GRÜSSE AUS DER OBERPFALZ

Am Tag nach dem Ausflug ins schöne Passau hat Jochen beinahe das Gefühl, erneut vor einem Scharfrichter zu stehen. Franz, sein Schwiegervater in spe, kommt nämlich mit einer besonderen Bitte auf ihn und Magdalena zu.

»Einen Gefallen müsst ihr mir tun. Bevor ihr heiratet, will ich den Jochen noch besser kennenlernen. Immerhin gebe ich ihm die Hand meiner einzigen Tochter! Ich schlage vor, ihr kommt morgen mit. Bis übermorgen, oder Magdalena? Ihr könnt ja euer eigenes Auto nehmen und von dort aus zurück nach München fahren. Und was wir zu Abend essen, ist dann ja auch klar.«

»Äh, wohin kommen wir mit?«, fragt Jochen.

»In die Oberpfalz. Raus in die Natur. Meistens übernachtet Papa dann in einem schönen Gästehaus. Oder wir zelten draußen. Dahin flieht er immer, wenn er mal eine Auszeit braucht. Es ist eine Ehre, dass er uns mitnimmt. Und wir fangen bestimmt was«, sagt Magdalena. »Also, ich hab Lust.«

»Ihr wollt zur Jagd gehen?«, fragt Jochen entgeistert. »Und warum in die Oberpfalz? Die Leute dort haben doch weder Geld noch Arbeit und keiner versteht sie, hab ich gehört.« Er erinnert sich, dass sein steinreicher Ex-Chef einmal seinen Bugatti Veyron beim Luxus-Tuner Mansory weiter perfektionieren ließ. Weil er es aber uncool fand, dass das in der Oberpfalz passieren sollte, behauptete er damals, er würde ins dort benachbarte Tschechien fahren, was etwas stylischer klang, wenn auch nur minimal. Als Jochen und seine Kollegen herausfanden, dass Mansory im Oberpfälzer Landkreis Tirschenreuth liegt, wunderten sie sich jedenfalls. Solch ein Unternehmen hätten sie nicht unbedingt in einer Region vermutet, die als Armenhaus Bayerns gilt. Und dort, in der Grenzregion zu Tschechien, will sein Schwiegervater mit ihm jagen gehen? Will er den preußischen Schwiegersohn vielleicht erschießen?

»Wer hat denn von Jagen geredet?«, fragt Schwiegervater Franz. »Aber das wäre vielleicht auch eine gute Idee, dann könnten wir einen einheimischen Oberpfälzer als Jagdhund mitnehmen. Denn wisst ihr, wie man einen Oberpfälzer zum Bellen bringt? Man muss ihm nur sagen, dass es Freibier gibt. Dann fragt er: ›*Wou, wou?*‹« Franz lacht. »Der niederbairische Dialekt, das wirst du sehen, Jochen, ist gar nichts gegen den der Oberpfälzer. Wer bellen kann, ist dort klar im Vorteil.«

»Wollt ihr mich noch länger auf die Folter spannen?«, fragt Jochen, der das alles nicht so witzig findet. »Was haben wir vor?«

»Na, ihr begleitet mich zum Angeln. Sag bloß, du weißt nicht, dass die Oberpfalz bekannt für ihre Seen ist? Für mich als Angler sind dort paradiesische Verhältnisse vorzufinden und die Gästehäuser sind auch auf uns eingestellt. Und wenn ich dann mit Jochen noch einen echten Fischkopf mitbringe ... Sorry, das war nicht so gemeint.«

Jochen fragt sich, ob er auf den Arm genommen wird und der Herr Schwiegerpapa in spe die Oberpfalz nicht vielleicht mit der Nordsee verwechselt.

Obacht, neidabbt!

Nicht nur am Meer werden Fische gezüchtet, sondern auch im Süßwasser. Und was Jochen wie viele andere überraschen wird – im Oberpfälzer Wald hat die Fischzucht sogar eine 1.000-jährige Tradition. Dort liegt das älteste Fischzuchtgebiet Europas. Bis heute kommt ein großer Teil der in Deutschland gezüchteten Süßwasserfische aus Bayern, etwa Forellen und Karpfen. Bekannt sind die Oberpfälzer Karpfen, die Fränkischen Karpfen und die Aischgründer Karpfen, die aufgrund der hervorragenden Wasserqualität gut wachsen und köstlich schmecken. Ein bisschen Zeit brauchen sie aber, bis sie tischfertig sind. Drei Sommer beziehungsweise zweieinhalb Jahre dauert es, bis sich aus einem Ei ein Speisekarpfen entwickelt.

2.700 Teichwirte gibt es allein in der Oberpfalz, die 14.000 Weiher bewirtschaften. Dreh- und buchstäblicher Angelpunkt der Oberpfälzer Teichwirtschaft sind Tirschenreuth und Schwandorf. An ausgewiesenen Gewässern dürfen auch Hobbyangler mit Angelschein ihr Glück versuchen. Aber Obacht: Es empfiehlt sich, sich leise zu verhalten, bis ein Fisch anbeißt. Der wichtigste Laut der Oberpfälzer, das »ou«, das aus tiefster Kehle kommt, sollte jedenfalls lieber anderswo einstudiert werden. Und tatsächlich interpretieren Nicht-Muttersprachler – und möglicherweise auch Speisekarpfen – diesen Laut als eine Art Hundebellen. Funfact: Der geografische Mittelpunkt der Oberpfalz liegt in einem Weiher, genauer gesagt in einem versteckt liegenden Gewässer bei Schwarzenfeld im Landkreis Schwandorf.

DIE FRÄNKISCHE TEICHSAU

Auch die Franken können nicht nur Krapfen, sie können auch Karpfen, der dort »fränkische Teichsau« genannt wird. Gerne steht diese während der Karpfenzeit neben dem *Schäufala*, der berühmten fränkischen Schweineschulter, auf der Speisekarte. Die Karpfenzeit findet in den Monaten, die den Buchstaben »r« enthalten, statt: Von September bis April also hüpfen überall in Franken die Karpfen ins schwimmende Pfannenfett.

Die Tradition des Karpfenangelns verdanken die Franken den Mönchen des Mittelalters, die beim Fasten tricksen wollten. Sie züchteten damals den noch immer beliebten Spiegelkarpfen mit extra hohem Rücken. Das hatte einen praktischen Grund: Eine Fastenauflage besagte damals, dass das Essen nicht über den Tellerrand ragen dürfe. Ein kleiner, dicker, hoher Fisch war daher im Gegensatz zu einem langen, dünnen erlaubt. Spiegelkarpfen, die nach drei Jahren Aufzucht ein stattliches Kampfgewicht erreichten, trugen damals dazu bei, dass auch die Mönche das ihre halten konnten. Das buchstäblich hochgezüchtete Tier war so etwas wie das Starkbier unter den Fischen.

Heutzutage kommt der Karpfen sogar noch extravaganter daher als nur mit hohem Rücken, etwa in Form von Karpfenpastete, Karpfensuppe, Karpfenroulade, Karpfengeschnetzeltem und sogar Karpfenchips.

HOPFEN UND MALZ, DIE OBERPFALZ ERHALT'S

Während sich die großen Brauereien Bayerns zu *Global Players* entwickeln, wird in ein paar Orten in der nördlichen Oberpfalz die Magie des handgemachten Bieres zelebriert. Der *Zoigl* ist ein naturtrübes Bier, das es nur hier gibt. Zum *Zoigl* zu gehen, das ist für die Oberpfälzer wie der Heurige für die Österreicher und das Törggelen für die Südtiroler. Nach altem Brauch hängen die Privatbrauer einen Stern vor das Haus, wenn das bernsteinfarbene, junge Bier reif ist. Es zieht Einheimische und Urlauber gleichermaßen an. Was den *Zoigl* zum Kultgetränk macht, sind seine traditionelle Herstellung und die Art, wie er genossen wird.

Bereits seit dem 15. Jahrhundert wird das spezielle Bier in Kommunbrauhäusern fabriziert. Brauen darf es nur, wer das

Zoigl-Braurecht hat, das zum Teil seit dem Mittelalter besteht und fest mit Haus und Grundstück verbunden ist. Das Recht ist bis heute im Grundbuch festgehalten. Auf Personen geht es nicht über. Als *Zoigl*-Zentrum gilt der Ort Windischeschenbach.

Im Kommunbrauhaus, das von den brauenden Bürgern gemeinsam unterhalten wird, wird die Würze für das Bier hergestellt. Jeder der *Zoigl*-Brauer nimmt etwas davon und verarbeitet sie nach alten Rezepturen zu dem unverwechselbaren Bier. Nach zwei Wochen Reifung wird ausgeschenkt. Interessant ist, dass jeder *Zoigl* ein Unikat ist und einmalig schmeckt, es ist ein Gegenentwurf zum durchgestylten Großbrauereibier.

Ausgeschenkt wurde das Bier früher in den Wohnzimmern der Wirte. Inzwischen haben sie in der Regel eigene Stuben eingerichtet, die jeweils nur drei bis vier Tage im Monat geöffnet sind. Das ist nicht wenig für die Wirte, da die meisten von ihnen das Bierbrauen nur nebenher machen und neben dem Bier- noch einen Brotberuf haben. Welcher der *Zoigl*-Wirte im Wechsel mit dem Ausschenken an der Reihe ist, wird vorab vereinbart. Die Gäste wissen – etwa mit Blick in den virtuellen *Zoigl*-Kalender www.zoiglbier.de –, wo die nächste geöffnete *Zoigl*-Stube zu finden ist, ob beim *Gloser* oder beim *Schoilmichl*.

Wer geöffnet hat, hängt einen sechszackigen *Zoigl*-Stern über seine Haustüre – einen Brauerstern, der an den Davidstern erinnert und den Weg zum Bier zeigt. Aus diesem »Zeiger« hat sich mundartlich der »Zeigel« und später der »Zoigl« entwickelt.

Meistens sind die geöffneten Stuben schon am Nachmittag gut besetzt – ob das nun in Windischeschenbach/Neuhaus ist oder in den anderen *Zoigl*-Orten wie Falkenberg, Eslarn oder Mitterteich. Wer hineinkommt, darf sich dazusetzen. Plätze zu reservieren, ist beim *Zoigl* nicht üblich. Zu einer gemütlichen *Zoigl*-Runde gehören neben dem *Zoigl* eine deftige Brotzeit, etwa Wurstplatten mit Leberkäse und Mettwurst, sowie nette Leute und das obligatorische Du am Tisch.

Achtung: Inzwischen etikettieren auch einige größere Brauereien ihre Produkte mit dem Begriff *Zoigl*, doch die »echten« *Zoigl*-Brauer gibt es nur in den Privathäusern in der nördlichen Oberpfalz. Wer unsicher ist, ob er echten *Zoigl* vorgesetzt bekommt, achtet am besten auf das Logo *Echter Zoigl vom Kommunbrauer*.

14 FUSSBALLER UND ANDERE (ANTI-)HELDEN

DIE RUHMESHALLE UND DER REKORDMEISTER

Als sie die nördliche Oberpfalz wieder hinter sich lassen und mit dem Auto zurück gen Süden fahren, denkt Jochen daran, wie entspannend es war, am Weiher zu sitzen und auf die Stelle zu blicken, an der die Angelschnur ins Wasser taucht. Um sie herum bildeten sich auf der Wasseroberfläche kleine

Kreise, die langsam wuchsen, bis sie schließlich selbst Oberfläche waren und von neuen Kreisen abgelöst wurden. Erholsam war das und meditativ – und da war es gar nicht so schlimm, dass kein Fisch gebissen hat. Wer weiß, ob er einen selbst gefangenen Fisch überhaupt hätte genießen können. Die Brotzeit, die er zum *Zoigl* gegessen hat, war jedenfalls vorzüglich. Jochen ist dankbar, dass er diese besonderen Stunden mit Magdalena und ihrem ausgesprochen netten Vater erleben durfte, und freut sich aufrichtig darauf, dass sie auch heute noch ein paar Stunden gemeinsam mit Franz verbringen werden. Bevor der Schwiegervater zurück ins Rottal und sie nach München fahren, wollen sie noch ein paar Oberpfälzer Sehenswürdigkeiten besichtigen.

Wenige Autofahrminuten östlich von Regensburg erblickt Jochen oben auf einem Hügel ein Gebäude, das ihn an einen griechischen Tempel erinnert: die Walhalla. Von Magdalena erfährt er, dass Ludwig I. sie von 1839 bis 1842 nach dem Vorbild der Akropolis in Athen von Architekt Leo von Klenze habe bauen lassen. Der Name stammt von dem Begriff Walhall, der nach germanischem Glauben eine Art Kriegerparadies war. Ein Ehrentempel für verdiente Deutsche – das soll die Walhalla sein.

Beachtliche 358 Stufen aus Marmor steigen Jochen, Magdalena und Franz hinauf, bis sie den Tempel erreichen. Bevor sie das imposante Gebäude betreten, schaut Jochen von oben in die herrliche Landschaft hinab. Allein dieser Blick ist es wert, hier hochzukommen. Er sieht die Donau mit ihren weiten Auen. Zauberhaft!

Durch das riesige Eingangsportal schreiten sie in den reich verzierten Innenraum. Der Boden ist ein Marmormosaik. Die Wände sind ebenfalls aus Marmor und die Kassettendecke über ihnen besteht aus geschliffenen Bronzeplatten, die mit polierten Zinnsternen dekoriert sind.

Entlang der Wände sind über 130 marmorne Köpfe versammelt. Auch Gedenktafeln mit Namen von Personen, deren Aussehen nicht überliefert ist, haben es in die *Wall-Hall of Fame* geschafft. Jochen liest die Namen von Herrschern, Feldherren, Wissenschaftlern, aber auch von zahlreichen Vertretern aus Musik, Literatur und bildender Kunst. Er sieht die Tafel von Peter Henlein, dem Erfinder der Taschenuhr, und die Büsten von Widerstandskämpferin Sophie Scholl, Komponist Richard Wagner und Wissenschaftler Albert Einstein. »Bestimmt stellt ihr Bayern eure Fußballer auch mal hier aus, so wichtig, wie sie für euch sind«, witzelt Jochen. »Etwa euren Manuel Neuer.«

»Unseren? Na ja«, erwidert Magdalenas Vater.

»Bis er hier als Marmorfigur zu sehen ist, könnten wir ihn uns ja mal in echt anschauen«, schlägt Jochen vor. »Lass uns doch mal zusammen zu einem Heimspiel des FC Bayern gehen, wenn du in München bist. Das wär doch aufregend und so lerne ich das bayerische Erfolgsteam mal live kennen.«

Magdalena zuckt sichtlich zusammen und die senkrechte Falte zwischen den Augenbrauen ihres Vaters vertieft sich sichtlich.

»Wofür hältst du mich?«, fragt er. »Für einen Menschen, der immer nur gewinnen will? Glaubst du, man kann sich alles kaufen für Geld? Ehrenvoll ist das nicht ...«

Jochen versteht die Welt nicht mehr. Er dachte, als Bayer wäre Franz stolz auf das erfolgreiche Aushängeschild des Freistaats. Die Vorstellung, dass die Fußballhelden irgendwann in der Walhalla auftauchen, sollte ihm doch eigentlich gefallen.

EHRE, WEM EHRE GEBÜHRT?

Im Jahr 1842 zogen die ersten Bewohner in die Walhalla ein – und auch heute könnten noch Marmorversionen würdiger Persönlichkeiten dazukommen. Allerdings wird es eng im Säulentempel, daher wird über jeden Neuzugang intensiv beraten. Wer der illustren Runde beitreten darf, darüber entscheidet der bayerische Ministerrat in der Regel alle fünf bis sieben Jahre. Die aktuelle Vorschlagliste soll mehr als 100 Persönlichkeiten umfassen.

Markus Söder etwa hatte im Jahr 2015, als er noch bayerischer Finanzminister war, vorgeschlagen, den langjährigen CSU-Chef Franz Josef Strauß als »bedeutendsten Bayer der Nachkriegsgeschichte« und »großen Deutschen« aufzunehmen. Der Grünen-Politiker Sepp Dürr sagte zu diesem Vorschlag: »Nach seinem heroischen Kampf für den Fortbestand der Mainzelmännchen und des Sandmännchens im deutschen Fernsehen handelt es sich hierbei um die zweitwichtigste politische Initiative des großartigen fränkischen Humoristen Markus Söder.« Zwei der Kriterien für eine Aufnahme hätte Strauß jedoch mindestens erfüllt: Vorgeschlagen werden darf nur, wer seit mindestens 20 Jahren tot ist und mit »teutscher Zunge« gesprochen hat. Eine herausragende Leistung sollte der Mensch, der geehrt wird, ebenfalls im Leben vollbracht haben. Fraglich ist jedoch, ob Franz Josef Strauß nicht mit allzu vielen Affären und Skandalen belastet ist, als dass er in einer Ruhmeshalle verewigt werden dürfte.

Wichtiger ist für viele, dass in der Walhalla künftig mehr Frauen Platz finden. Nur ungefähr jede zwanzigste der fast

200 Büsten und Tafeln ist weiblich. Eine der in der Walhalla geehrten Persönlichkeiten wäre indes lieber nicht dort: Der Dichter Heinrich Heine hatte sie einst als »marmorne Schädelstätte« verspottet. Seit 2010 ist seine Büste dennoch aufgestellt.

Obacht, neidabbt!

Hätte er mit jemand anderem gesprochen, wäre Jochen vielleicht in keinen Fettnapf getreten: Denn der FC Bayern hat viele Anhänger im Freistaat. Von Niederbayern über die Oberpfalz bis nach Franken und natürlich in Oberbayern samt der Landeshauptstadt sind zahllose Fußballfans stolz auf ihren »Stern des Südens«. Zahllose andere Fußballfans aber hassen den Schickimicki-Verein leidenschaftlich und können sich in keiner Weise mit den »Münchner Schnöseln« identifizieren. Vorauszusetzen, ein Bayer sei automatisch Bayern-Fan, kann grandios schiefgehen.

Manchmal handelt es sich bei denen, die den FCB voll und ganz ablehnen, um Anhänger des Arbeiter-Fußballvereins 1860 München. »Einmal Löwe, immer Löwe« heißt das Credo der »Löwen«-Fans. Schicksal des Vereins ist es, immer wieder Niederlagen zu überstehen. Und in der Tat wäre es leichter, Bayern-Fan zu sein und damit Anhänger eines Vereins, der zahllose Male Deutscher Meister und Pokalsieger wurde und sogar zwei Mal in der Champions League gewonnen hat. Die Schnösel aber, so tönt es aus dem Münchner Stadtteil Giesing, wo die *Sechzger* daheim sind, seien ja nur so gut, weil sie reich sind. Sie kaufen ihren Konkurrenten die besten Spieler weg, die dann gar nicht zum Einsatz kommen – aber bei der Konkurrenz eben auch nicht mehr. Bayern-Anhänger seien keine echten Fans, sie wüssten ja nicht, was es bedeutet, mit dem Klub zu leiden. Mit welchen Menschen man es beim FCB zu tun habe, sehe man ja schon mit Blick auf das Bayern-Präsidium: Franz Beckenbauer wurde wegen Steuerhinterziehung verurteilt, Uli Hoeneß bekam dreieinhalb Jahre Gefängnis und Karl-Heinz Rummenigge kassierte einen Strafbefehl wegen Steuerhinterziehung. Mit dem Umfeld des echten Arbeitervereins habe das wenig gemein.

Die Identifikation mit dem Giesinger Verein ist groß, obwohl er sich regelmäßig in die sportliche Unbedeutsamkeit spielt, von Insolvenz dauerbedroht ist, Geschäftsführer verliert, Trainer feuert und aus Geldnot die hoffnungsvollsten Talente verkauft. Leidensfähiger und echter als die Bayern-Fans sind die *Sechzger*, da sind sich letztere sicher.

Es gibt natürlich auch jede Menge anderer Fußballvereine, die in Bayern ihre Anhängerschaft haben. Etwa den 1. FC Nürnberg, dessen ebenfalls leidgeprüfte Fans im Jahr 2018 einen besonderen Höhepunkt – die Rückkehr in die Bundesliga – feiern konnten. Besonders stolz sind sie, weil dieser Erfolg mit Trainer Michael Köllner gelang, der selbst nie Profi war. Köllner ließ sich bei der Bundeswehr zum Zahnarzthelfer ausbilden und arbeitete zunächst als Trainer der A-Jugend der SG Fuchsmühl, bei der er auch selbst spielte. Auch der FC Augsburg und Wacker Burghausen werden stark verehrt – und im Grunde jeder örtliche Verein, egal, in welcher Liga er mitmischt: Denn viele Buben und weniger Mädchen beginnen bereits im Kindergartenalter mit dem Fußballtraining in einem Verein und identifizieren sich dadurch umso mehr mit dem bayerischen Erfolgssport. Die wenigsten Bayern lässt das runde Leder kalt. Umso wichtiger ist, sie nicht ins falsche Trikot zu stecken, denn das wäre eine Todsünde.

DIE ALLIANZ ARENA, MÜNCHENS BERÜHMTES UFO

Wenn es Nacht wird in München, ist sie noch prachtvoller. Dann strahlt die Allianz Arena, das berühmte Fußballstadion in Münchens Norden, in kräftigem Bayern-Rot. Wie ein überdimensioniertes Ufo liegt sie da und beeindruckt jeden, der vorbeifährt oder sogar hineindarf. Die außergewöhnliche Aura entsteht aufgrund der leuchtenden Außenhülle: 2.760 rautenförmige Kissen bilden auf 66.500 Quadratmetern eine riesige Membranhülle, die von 380.000 LED-Lampen erhellt wird. In diesem Tempel der Neuzeit bestreitet der FC Bayern München seit der Saison 2005/2006 seine Heimspiele. Bis 2017 war auch der TSV 1860 im Ufo, pardon, im Boot. Die Allianz Arena war zudem Spielort der Fußball-Weltmeisterschaft 2006. Trotz ihrer insgesamt 75.021 Plätze ist sie bei Bundesligaspielen immer ausverkauft. In der Saison 2018/19 wurde im Inneren der Allianz Arena neu dekoriert: 25.000 Sitze wurden ausgetauscht, damit dort nun der Schriftzug »FC Bayern München«, der Wahlspruch »Mia san mia« sowie das Vereinswappen zu sehen sind.

15 VON EUROPÄISCHER RELEVANZ UND BAYERISCHEM KOKAIN

RALLYE DURCH REGENSBURG

Nach dem Besuch der Walhalla geht es weiter nach Regensburg. Jochen ist sogleich gefangen von der Mischung aus dem Lifestyle der vielen Studenten und dem mittelalterlichen Flair, das die Gässchen der zauberhaften Altstadt verbreiten. Die historischen Häuser, Patriziertürme und Denkmäler Regensburgs wurden im Zweiten Weltkrieg nicht zerstört, wie Magdalenas Vater erzählt, und bilden nun die besterhaltene mittelalterliche Großstadt Deutschlands. Jochen kann sich gut vorstellen, wie hier das Leben früher ausgesehen haben mag, als statt der quirligen Studenten, Familien und Touristen Bettler, Handwerker und Markttreibende die Gassen gefüllt haben.

Die Steinerne Brücke, die mit ihren bald 900 Jahren die älteste erhaltene Brücke Deutschlands ist, galt im Mittelalter als echtes Weltwunder, wie die Führerin einer Reisegruppe erzählt, zu der sich Jochen, Magdalena und Franz möglichst unauffällig gesellen. Jochen bekommt große Ohren, als er den weiteren Ausführungen lauscht. Die 315 Meter lange Brücke mit ihren 15 Bögen wurde innerhalb von nur elf Jahren erbaut, vermutlich zwischen den Jahren 1135 und 1146. Jahrhundertelang diente sie als einziger fester Donauübergang zwischen Ulm und Wien und war somit ein Knotenpunkt wichtiger Fernhandelsstraßen.

Im Windschatten der Reisegruppe gehen sie ein Stück weiter, vorbei am Dom St. Peter, der, wie sie erfahren, neben dem Kölner Dom zu den bedeutendsten gotischen Kathedralen in Deutschland gehört und nach dem Vorbild französischer Schöpfungen auf Vorgängerbauten errichtet wurde. Von den weltberühmten Regensburger Domspatzen hatte Jochen schon gehört, obwohl er sonst kein Fan von Kirchenmusik ist. Gelauscht hätte er dem Chor jetzt schon gerne, aber leider tritt er gerade nicht auf.

Vor dem Alten Rathaus stehen die drei immer noch in der Nähe der Reisegruppe und hoffen, nicht als Schwarzhörer enttarnt zu werden. Jedenfalls lernen sie, dass das Gebäude vor ihnen nicht einheitlich errichtet worden, sondern im Laufe der Jahrhunderte immer weitergewachsen ist. Der älteste Teil des Alten Rathauses ist der 55 Meter hohe Turm aus der Mitte des 13. Jahrhunderts. Der spätere Reichstagssaal wurde 1360 als Tanzsaal errichtet. Im 15. Jahrhundert kamen Verwaltungsbauten hinzu. Erst im 18. Jahrhundert bauten die Regensburger einen weiteren Gebäudetrakt, das barocke »Neue Rathaus«, in dem heute die Verwaltung sitzt.

Einige Zeit vorher jedoch war das Gebäude weltberühmt: Von 1663 bis 1806 wurde im Alten Rathaus der Immerwährende Reichstag abgehalten. Regensburg war damals ein politisches, diplomatisches und gesellschaftliches Zentrum Mitteleuropas. Der Immerwährende Reichstag gilt als Vorläufer der deutschen Parlamente, der Europäischen Union und der UNO. »Hier haben die Landesherren um europäische Kompromisse gerungen«, sagt die Führerin. Die Atmosphäre von damals sei noch zu spüren, bei einer Besichtigung des Reichstagsmuseums im Reichssaal genauso wie in den Beratungszimmern.

REDEWENDUNGEN AUS DEM REICHSTAG

Zwei bekannte deutsche Redewendungen sollen ihren Ursprung im Immerwährenden Reichstag haben. Die erste ist »Etwas auf die lange Bank schieben«. Dieser Ausdruck stammt vermutlich aus dem Reichssaal in Regensburg. Bei der »langen Bank« handelte es sich um Sitztruhen, in denen Akten verstaut waren, die nachrangig behandelt wurden. Auf den Truhen saßen Gesandte, die abseits der aktuellen Entscheidungen warten mussten. Die zweite Redewendung ist das geflügelte »Etwas am grünen Tisch entscheiden«. Ihr

Ursprung soll in dem grünen Tuch liegen, mit dem der Verhandlungstisch gedeckt war, an dem Kompromisse ausgehandelt wurden.

Jochen, Magdalena und Franz haben jedoch genug gehört. Das alles ist hochinteressant, aber jetzt haben sie Hunger. Und immerhin schreiben die Szenekneipen Regensburgs auch Geschichte. Ihr Ruf jedenfalls ist so legendär, dass Jochen auch in Wuppertal schon von den tollen Ausgehmöglichkeiten in der Stadt erfahren hat. Ein Student, den sie auf der Straße nach einer typischen Studentenkneipe fragen, in der sie auch etwas essen können, empfiehlt ihnen das »Hinterhaus« in der Rote-Hahnen-Gasse.

Sie betreten den Geheimtipp in altem Gemäuer und freuen sich über die mittelalterlich-dunklen Holzbalken und die Kerzen auf den Tischen. Klar, dass so eine urige Kneipe Kultstatus in einer Studentenstadt erreicht!

»Hier wird bestimmt auch wild gefeiert«, meint Jochen mit Blick auf die vergleichsweise günstigen Bierpreise. Alle bestellen sich Flammkuchen, der gut schmecken soll, wie der Student ihnen versichert hat. Als Jochen jedoch beobachtet, wie zwei Männer am Nebentisch Pulver auf ihre Handrücken rieseln lassen und dieses in ihre Nase ziehen, ist er schockiert. »Magdalena, wir sind in einer Drogenkneipe gelandet«, sagt er.

Als einer der Männer genießerisch seine Augen nach oben dreht und dazu »Das tut *fei* gut« sagt, steht Jochen auf und sagt: »Die koksen. Raus hier. Damit will ich nichts zu tun haben.«

Einer der Männer vom Nebentisch schaut ihn irritiert an, niest und sagt: »Meinst du uns?« Dann lacht er. »Das ist ein *Schmai*!«

»Ich weiß schon, dass ihr das Schnee nennt«, erwidert Jochen. Doch bevor er weiter eskaliert, halten ihn Magdalena und Franz am Arm fest und klären ihn auf.

Obacht, neidabbt!

Nicht alles, was sich Menschen beim Feiern in die Nase ziehen, ist Kokain. Richtig gesund ist Schnupftabak allerdings auch nicht, obwohl er die bessere Alternative zur Zigarette – und auch zum Koks – ist. Legal aber ist er allemal. *Schmai* heißt er in seiner bayerischen Variante – oder *Schmalzler*, was sich beides auf das Butterschmalz bezieht, das einst dafür sorgte, dass die zerstoßenen Tabakblätter weniger staubig waren. Das Butterschmalz wurde jedoch schnell ranzig und schmeckte auch so. Heute werden die *Schmalzler* daher mit Öl verfeinert. Sie schmecken in der unparfümierten Version erdig-würzig nach Tabak, haben eine feste bis klebrigfeuchte Konsistenz und sind größtenteils dunkelbraun. Der grob zerriebene Tabak steckt meist in luftdichten Dosen und im besten Fall in edleren, steinernen Fläschchen, die eine gute Portionierung der Prisen erlauben.

Und auch wenn es manchmal so wirken mag: Schnupftabak ist keine bayerische Erfindung. Seit vielen hundert Jahren ziehen sich Menschen den Tabak in die Nase. Bereits die Azteken und die Inkas übernahmen dieses Ritual von Indianerstämmen, die vor ihnen in Peru gelebt hatten. Schneller als die Kartoffel kam das Schnupfen mit dem Tabak nach Europa. Inzwischen wird es nirgends sonst auf der

Welt so inbrünstig wie im Freistaat betrieben. Dass Jochen in einer Regensburger Szenekneipe davon ausgegangen ist, es handle sich statt um Tabak um Kokain, ist für einen Bayern demnach absurd. Allein ist Jochen mit diesem Verdacht aber nicht. Auf dem Oktoberfest kommt es immer wieder vor, dass Touristen angeblich koksende *Wiesn*-Besucher bei der Polizei anschwärzen. In der Regel hatten die schnupfenden Bayern in diesen Fällen aber eine der vielen Dosen Schnupftabak gekauft, mit denen Verkäufer durch die Reihen der Zelte gehen. Seit ein paar Jahren gibt es in diesen mobilen Gemischtwarenläden auch eine Schnupfpackung, die *Wiesn*-Koks genannt wird und eine weiße Mischung aus Traubenzucker und Menthol enthält.

Weltweit jede zweite Dose Schnupftabak kommt aus dem niederbayerischen Landshut. Pöschl Tabak ist der Weltmarktführer in Sachen *Schmalzler*. In Regensburg ist Jochen allerdings auch nicht verkehrt, wenn er sich über das Bayern-Koks schlaumachen will. In der Gesandtenstraße 3/5 sind in einem Patriziergebäude die Räume einer ehemaligen Schnupftabakfabrik zu besichtigen. Hier gewinnt der Besucher einen Eindruck von der Kunst der Tabakherstellung, von der Lieferung des Rohtabaks bis zur Verpackung der Prise. Alles ist in den originalgetreuen Räumen authentisch. Es riecht sogar noch nach Tabak und an den Decken auf dem Stuck sind braune Flecken zu sehen. Wer mag, kann am Ende der Führung selbst schnupfen. Das geht folgendermaßen: Zuerst gilt es, die Schnupfhand zu einer Faust zu ballen. Der Daumen allerdings muss gespreizt werden. In die Delle hinter dem Daumenballen wird nun ein erbsengroßes Häufchen Schnupftabak gestreut. Dies wird an die Nase gehalten und abwechselnd in das linke und rechte Nasenloch gesogen.

Wichtig ist, den Tabak nicht zu stark einzuziehen, sonst landet die Prise im Rachen, was höllisch brennen kann. Uncool ist, wer niesen muss.

Obacht: Schnupftabak enthält Nikotin und kann genauso süchtig machen wie das Rauchen. Im Unterschied zum Rauchen entstehen beim Schnupfen allerdings keine giftigen Verbrennungsprodukte. Der *Schmalzler* steht dennoch in Verdacht, krebserregend zu sein.

16 DER BERG RUFT

BIS HAXEN, FÜSSE UND BEINE SCHMERZEN

Kaum, dass das frisch verlobte Paar zurück in München ist, geht es wieder auf Tour. Am kommenden Tag verrät Magdalena ihrem Liebsten, warum sie sich niemals vorstellen könnte, dauerhaft woanders als in München zu leben: wegen der Nähe zu den Bergen. Bevor Jochen wieder auf unbestimmte Zeit nach Wuppertal zurückfährt, soll er, wie sie sagt, am eigenen Leib erfahren, dass es neben ihrer Beziehung noch mindestens einen weiteren triftigen Grund dafür gibt, möglichst bald zurückzukommen – und idealerweise komplett in die bayerische Landeshauptstadt zu ziehen.

»Das Beste ist, wir müssen gar nicht frühmorgens aufstehen, um noch gemütlich auf einen Gipfel zu steigen«, sagt Magdalena mit Blick auf die Uhrzeit. Es ist 10.30 Uhr. »Für die meisten Hausberge Münchens reicht es vollkommen, sich am späten Vormittag auf den Weg zu machen. Den Gipfel erreicht man bei den entspannteren Touren dennoch bequem bis zum frühen Nachmittag.«

»Bergsteigen ist offenbar besser als sein Image«, meint Jochen und grinst. »Ich mache alles mit, was mit Ausschlafen funktioniert.« Was er gerade nicht zugibt: Er freut sich riesig darauf, endlich die Bilderbuchlandschaft der Alpen kennenzulernen, von der er bis vor Kurzem noch dachte, ganz Bayern wäre damit gesegnet.

Nicht einmal eine Stunde später erreichen die beiden den Parkplatz an der Kesselbergstraße, einige Kilometer hinter dem Kochelsee. Von hier aus wollen sie auf den Jochberg wandern. Magdalena benennt den Berg kurzerhand in Jochenberg um und hofft, dass ihr Liebster dadurch richtig motiviert ist, trotz der Anstrengung hinaufzusteigen.

Zunächst geht die Motivation jedoch in den Keller, während sich die beiden in steilen Serpentinen ein Waldstück hinaufplagen. Außer Bäumen ist nichts zu sehen.

Magdalena versucht, die Stimmung mit ein paar Witzen zu verbessern. »Ein Preuße steht auf dem Gipfelkreuz und fragt einen Bayern mit Blick auf den benachbarten Gipfel: ›Sie, wie heißt der Berg da?‹ Daraufhin der Bayer: ›*Wosn fia oana?*‹ Der Preuße: ›Ah ja, vielen Dank!‹«

Jochen lächelt nicht mal.

»Warum tut man sich das an?«, fragt er stattdessen schnaufend.

»Ach, wir sind gleich da«, entgegnet Magdalena und fügt lächelnd hinzu: »Was ich gerade gesagt habe, war übrigens die berühmteste aller Bergsteigerlügen.«

Nach einer Stunde lassen sie den dichten Wald hinter sich. Eine freie, herrliche Berglandschaft tut sich vor ihnen auf. Jochen ist verzückt.

»Schön hier«, schwärmt er. »Das erwartet man ja gar nicht mehr.«

Nach einer weiteren halben Stunde erreichen sie den sonnigen, grasigen Gipfelhang und schließlich das Gipfelkreuz auf 1.565 Metern Höhe. Jochen ist hingerissen, so einen Ausblick hat er im Leben noch nicht genossen. Wenn er gen Norden schaut, sieht er hinab auf den Kochelsee und weiter auf die fast ebene Voralpenlandschaft. Er glaubt, sogar den Ammer- und den Starnberger See zu erkennen. »Wahnsinn«, murmelt er nur.

»Manchmal sieht man von hier aus sogar den Münchner Fernsehturm«, sagt Magdalena.

Gemeinsam schauen sie auf die andere Seite, hinab zum smaragdfarbenen Walchensee, der in prächtigste Berglandschaft eingebettet ist. Sie sehen den Herzogstand und in der Ferne machen sie sogar die Zugspitze aus. Ein atemraubendes Panorama.

»So, mein Schatz, das will ich jetzt jedes Wochenende haben«, erklärt Jochen und küsst Magdalena auf die Wange. »Wunderschön ist das.«

Ein Wanderer, der neben dem Gipfelkreuz auf dem Boden gesessen hat und bisher nur von hinten zu sehen war, steht auf und ruft Magdalena zu: »Servus, lange nicht mehr getroffen! Schöne, braune Füße hast du.«

Jochen ist irritiert. Was soll der Spruch mit Magdalenas Füßen? Sie stecken in ihren Wanderschuhen. Und warum sollten sie braun sein? Überhaupt, wer ist dieser Kerl, der jetzt dabei ist, den Berg wieder hinabzumarschieren?

Magdalena blickt erst auf ihre gebräunten Beine und sieht dann dem Typen verdutzt hinterher.

»Servus, Andi«, ruft sie, während sich ihre Wangen röten.

»Jochen, das war ein früherer Freund von mir. Ein leidenschaftlicher Bergsteiger. Wir haben seit Jahren keinen Kontakt mehr und das braucht es auch nicht. Dass wir ihm hier begegnen, ist ein erstaunlicher Zufall, aber eigentlich auch egal.«

Jochen umarmt seine Verlobte. »Alles gut, mein Schatz. Ich bin nicht eifersüchtig. Aber lass uns vorsichtshalber gleich mal unsere Hochzeit planen«, sagt er und drückt sie noch fester an sich.

»Wir heiraten im Frühjahr in München, okay?«, schnurrt sie, dicht an seine Brust gedrängt.

»Geht in Ordnung. Bis dahin habe ich es auch bestimmt geschafft, hier einen Job zu finden und herzuziehen. Ich freu mich darauf. Eins musst du mir aber noch verraten: Was sollte der Spruch mit den Füßen? Hat dieser Andi einen Röntgenblick und kann durch deine Schuhe schauen?«

Obacht, neidabbt!

Mit Füßen und Beinen verhält es sich in Bayern, aber auch in Baden-Württemberg anders als im Rest der Republik. Den Körperteil, der von den Zehen über Ferse, Waden, Knie bis zum Hüftgelenk reicht, nennen die Süddeutschen den Fuß und die Rest-Deutschen das Bein. Im Atlas zur Deutschen

Alltagssprache, den die Professoren Dr. Stephan Elspaß von der Universität Salzburg und Dr. Robert Möller von der Université de Liège betreuen, wird vermutet, dass Fuß/Fuss möglicherweise eine ältere Bezeichnung für den unteren Teil des menschlichen Körpers ist, der, von unten gesehen, bis zur Hüfte reicht. Es kann vorkommen, dass das Bein auf Bairisch auch mal der *Hax* heißt – aber Bein sagen alle, die Dialekt sprechen, eher nicht. Irritierend ist das Wort Haxe als Synonym für Bein allemal, denn der Rest Deutschlands kennt es vor allem als den Teil zwischen Knie und Fußgelenk von Tieren. Sie verspeisen etwa eine Schweinshaxe. Wenn die Bayern ihr Bein meinen, ist das Wort maskulin, der *Hax*. Meistens kommt er im Plural vor: »Mir tun die Haxen weh«, wie oft nach einer Bergwanderung. Wenn das bei Jochen und Magdalena nach der Jochberg-Tour der Fall ist, wäre es jedenfalls wohltuend, die Füße danach in den Walchensee zu halten. Oder die Beine.

AUF ZUR ZUGSPITZE!

Es erfordert nicht zwingend große Anstrengung, auf die Zugspitze, Deutschlands höchsten Gipfel, zu gelangen: Bergbahnen transportieren Touristen sehr komfortabel den 2.962 Meter hohen Berg hinauf. Die Zugspitze liegt südwestlich von Garmisch-Partenkirchen in Bayern und Tirol. Über den Westgipfel des Bergs verläuft die deutsch-österreichische Grenze. Wintersportfans können das Skigebiet am Zugspitzgletscher auf einer für Deutschland privilegierten Höhenlage zwischen 2.700 und 2.000 Metern genießen. Zum hochalpinen Abenteuer wird das Erklimmen der Zugspitze, wenn man den Berg aus eigener Kraft über einen von vier Aufstiegen bezwingen möchte, für die allesamt Planung und Ausrüstung nötig sind. Dabei kann einem sogar im Sommer Neuschnee einen Strich durch die Rechnung und die Zugspitze unerreichbar machen.

17 UND OB ICH DES SO MEIN'

DER BAYERISCHE GRANTLER

Vom Gipfelkreuz geht es ohne Umweg zum nächsten Höhepunkt, der Jocheralm, wo ein kleiner Biergarten hungrige Wandersleute zur wohlverdienten Einkehr verlockt. An einem der langgezogenen Tische sitzt bisher nur ein älteres Ehepaar.

»Dürfen wir?«, fragt Jochen und zeigt auf die unbesetzten Plätze der Sitzbank.

»*Ja, des werd si ned vermeiden lassen*«, erwidert der ältere Herr. Jochen ist irritiert über die nicht gerade herzlichen Worte, doch als der Mann eine einladende Geste mit seinem Arm macht, setzen sich die beiden.

»Das tut gut«, sagt Jochen seufzend und streckt seine Beine unter dem Tisch aus. Auf Empfehlung von Magdalena bestellt auch er einen Kaiserschmarrn. Dieser süße, flaumige Berghüttenklassiker wird aus einer Art Pfannkuchenteig zubereitet und ist im Alpenraum sehr beliebt. »Kaiserin, wann genau heiraten wir?«, fragt Jochen, nimmt Magdalenas Hände in seine und blickt ihr tief in die Augen. »Hast du das vorhin ernst gemeint mit kommendem Frühjahr in München?«

»Kommenden April? Oder ist das zu früh im Jahr?«, fragt Magdalena.

»April ist perfekt! Länger will ich ohnehin nicht warten.« Der Mann neben ihnen nuschelt in seinen nicht vorhandenen Bart, doch Jochen und Magdalena verstehen ihn dennoch: »Die jungen Leut' wollen heiraten. Die sind doch noch viel zu jung«, sagt er.

Seine Frau raunt: »Hör auf, *des geht di doch nichts o.*«

»Ach geh, du *Krampfhehn*«, sagt er. »*I mog die jungen Leute doch nur warnen. Die wissen no ned, dass nach der Hochzeit nimmer viel kimmt. Man wär a Rindvieh, wenn ma sich zu früh bindet!*« Und dann doziert er: »Drum prüfe, wer sich ewig bindet, ob sich nicht doch was Besseres findet.«

»Ich wüsste nicht, was Sie das angeht«, sagt Jochen verärgert. »Wir sind uns sehr sicher miteinander. Falls Sie schlechte Erfahrungen in Ihrer Ehe gemacht haben, können wir ja nichts dafür.«

»*Tun Sie sich fei ja ned zu viel rausnehmen, gell*«, sagt der Herr.

»Also bitte«, sagt Jochen und steht drohend auf.

»Ach geh, Jochen«, sagt Magdalena einlenkend und zieht ihn zurück auf die Bank. »Der sagt das nur so dahin. Unser Kaiserschmarrn kommt gleich.«

»Er meint es ja nicht so«, meint die Ehefrau des Herrn beschwichtigend. »Ein schönes Paar seid ihr beide!«

»*Und ob ich des so mein' ...*«, grummelt der Bayer.

REZEPT KAISERSCHMARRN

Zutaten für zwei Personen:

- 50 Gramm Butter
- 100 Gramm Mehl
- 30 Gramm Zucker
- 3 Eier
- 125 Milliliter Milch
- etwas geriebene Zitronenschale
- eine Prise Salz
- nach Belieben Rosinen

Fürs Karamell:

- 40 Gramm Zucker
- 40 Gramm Butter

So geht's:

1. Mehl, Zucker und Milch zu einem geschmeidigen, glatten Teig verrühren. Die Eier, etwas geriebene Zitronenschale und eine Prise Salz dazugeben und mit dem Kochlöffel einrühren. Jetzt eine Pfanne erhitzen – aber nicht zu stark. Die mittlere Stufe auf der Herdplatte reicht völlig aus.

2. In der Pfanne die Butter zerlaufen lassen, den Teig maximal zwei Zentimeter hoch einfüllen, nach Belieben Rosinen darüber verteilen. Jetzt alles unter dem Pfannendeckel backen lassen. Wenn die Unterseite des Fladens Farbe angenommen hat, sollte er gewendet werden und weiterbacken. Unbedingt den Deckel wieder draufgeben.

3. Wenn der Teig fest ist und überall etwas Farbe angenommen hat, wird er in der Pfanne in Stücke gerissen, klassischerweise in rautenförmige. Diese dürfen noch etwas nachbacken.

4. Dann kommen die Stücke vorerst aus der Pfanne. Damit sie mit Karamell ummantelt werden, werden jetzt noch 40 Gramm Butter und 40 Gramm Zucker in der Pfanne miteinander verschmolzen. Die Kaiserschmarrnstücke nochmals hinzufügen, im Karamell wenden – und fertig ist der Hüttenklassiker!

Jetzt wird der Kaiserschmarrn noch mit viel Puderzucker bestreut und mit Apfelmus serviert. *An Guadn!*

Obacht, neidabbt!

Das war knapp. Die Situation hätte sich hochgeschaukelt, wenn die Frauen nicht beschwichtigend auf die Männer ein-

gewirkt hätten. Im Grunde hat Jochen hier nichts falsch gemacht, außer die Sprüche eines bayerischen Grantlers persönlich zu nehmen. Ein Grantler ist eine besondere Spezies
Mensch, die das Grantigsein kultiviert und an Flüchen wie
»Himmelherrgott, Sakrament! Du Rindvieh!« oder dem
Brummeln über Gott und die Welt, die *Preißn*, das Wetter und die Bierpreise erkennbar ist. Der Begriff Grantler
kommt vom bairisch-österreichischen Wort *grantig*, das übel
gelaunt, brummen, nörgeln bedeutet. Und ohne die grob
klingenden Worte aus dem Mund des Grantlers schönreden
zu wollen: Sie sind tatsächlich nicht so böse gemeint, wie sie
sich anhören. Persönlich meint der Grantler selten etwas. Er
möchte in der Regel weder Konfrontation noch Eskalation,
sondern vor allem ein gemütliches Leben, für das er lautstark
eintritt. Der Schriftsteller Herbert Rosendorfer formulierte
es folgendermaßen: »Dem grantigen Münchner ist es am
liebsten, wenn man ihn für einen Deppen hält und ihn in
Ruhe lässt.«

Irritierend für Außenstehende ist sicherlich, wie schnell
beim bayerischen Granteln Begriffe wie Depp, *Krampfhehn*
oder Rindvieh fallen – und wie wenig sich die anderen Bayern am Tisch darüber aufregen. Als der damalige bayerische
Landesvater Max Streibl die SPD-Chefin Renate Schmidt
beim Politischen Aschermittwoch 1992 eine Krampfhenne
genannt hat, gehörte das für viele Bayern zum angemesse-
nen Ton für diesen Anlass, während man außerhalb des Freistaats das Wort kaum verstand.

Bayern empfinden solche Granteleien und Beschimpfun-
gen jedenfalls nicht als unfreundlich. Sie wissen: Das ist
bayerisch-humorvolle Konversation. Und auch wenn der
Grantler noch so sehr vom Leder zieht, ist in der Regel klar:

Er regt sich nur gerne auf, des Aufregens willen, vermutlich, weil ihm dann das Bier besser schmeckt. Um nicht mehr und nicht weniger geht es. Ein Grantler macht den Wirtshausbesuch amüsanter, auch – oder gerade – weil sich Nicht-Bayern oft fragen: Hat der Herr einen originellen Witz gemacht oder ist er wirklich so schlecht gelaunt?

Es gibt sogar eine Faustregel, um künftig besser beurteilen zu können, wie die Sprüche gemeint sind: Kommen sie von einem Menschen, der bairischen Dialekt spricht, kann man davon ausgehen, dass man einem Grantler gegenübersitzt, der tief in seinem Inneren ein liebenswerter und humorvoller Mensch ist. Schimpft jemand auf Hochdeutsch herum, handelt es sich dabei um einen norddeutschen Miesepeter, der einfach unfreundlich ist. *Host mi?*

Und keine Sorge: Auch wenn ein Grantler plötzlich wie ein Vulkan ausbrechen kann, schnurrt er wenig später wieder wie ein Kätzchen. Oft lenkt er mit Worten wie: »*Passt scho*« wieder ein. Und ergänzt beim Prosttrinken ein »*Schwoab ma's owe*«, was so viel heißt wie »Spülen wir es runter«.

WICHTIGE BAIRISCHE SCHIMPFWÖRTER

Bierdimpfl	Jemand, der regelmäßig im Wirtshaus sitzt und viel Bier trinkt
Gschwoischädl	Eingebildeter, starrköpfiger Mensch
Kniabisler	Kleiner Bub oder auch Halbstarker
Zipfeklatscher	Depp, Blödmann
Blunzn	Dicke, träge Frau

Drutschn	Ungeschickte Frau
Gscheidhaferl	Besserwisser
Krattler	Taugenichts
Bsuffans Wogscheidl	Betrunkener
Zwiderwurzn	Schlecht gelaunter Mensch

18 BUSINESS-MACHEN IN BAYERN

MIT LAPTOP UND LEDERHOSE

Wenige Wochen später hat Jochen gleich drei Vorstellungs-gespräche in München. Ein guter Grund, endlich wieder zu Magdalena zu reisen – und wenn eins der drei Gespräche er-folgreich wird, kann er sogar bald zu ihr ziehen. Er wagt gar nicht, ernsthaft daran zu denken. Es wäre so schön, wenn sie keine Fernbeziehung mehr führen müssten, sondern ihren Alltag teilen könnten!

Einen spektakulären Nebenschauplatz wird sein aktueller München-Trip auch haben: Derzeit findet in der Weltstadt das weltberühmte Oktoberfest statt. Und auch wenn gefühlt schon jeder Australier, Amerikaner und Chinese auf dem bayerischen Volksfest zu Helene Fischers *Atemlos*, zu Voxxclubs *Rock mi* oder Andreas Gabaliers *Hulapalu* geschunkelt hat, hat Jochen das Treiben auf der Münchner Theresienwiese noch nie live erlebt. Das wird sich nun ändern. Wenn die Gespräche gut laufen, wollen er und seine Verlobte zum Feiern auf die sogenannte *Wiesn*. Wenn nicht, dann geht's ebenda hin, zum Trost.

Erst einmal aber gilt es, pünktlich zum Vorstellungsgespräch zu erscheinen. Das sei den Bayern wichtig, sagt Magdalena. So gemütlich sie auch wirken mögen, auf korrektes und punktgenaues Auftreten legen sie in beruflichen und geschäftlichen Dingen großen Wert. Nur wer rechtzeitig mit dem Dienst startet, kann es sich erlauben, später zum geselligen Teil des Tages überzugehen.

Ein Anzeigenblatt sucht einen Lokalreporter. Jochen, der in Wuppertal als Journalist bei einer Tageszeitung arbeitet, macht sich größte Hoffnungen auf den Job. Wenn er dabei mit Münchner Themen zu tun haben würde, könnte er im Zuge seiner Arbeit gleich seine neue Heimat besser kennenlernen. Das wäre spannend! Als er mit Magdalenas Škoda in Richtung Milbertshofen unterwegs ist, fährt er am Olympiapark vorbei, wo vor dem Bau der Allianz Arena (siehe Seite 115) im Olympiastadion die Heimspiele des FC Bayern stattgefunden haben. Als Jochen wenig später die BMW-Welt passiert, staunt er nicht schlecht: Der Tempel für den bayerischen Exportschlager hat die Form eines Tornadowirbels aus Glas und Stahl. Jochen fühlt sich mit Blick auf das futuristische Bauwerk wie in Utopia und nimmt sich fest vor, bald zurückzukehren und den Autofahrer-Hotspot in Ruhe zu besichtigen.

BMW-WELT ALS TOURISTEN-HOTSPOT

Wer Bayern als Tourist besucht, fährt ungleich öfter zu einer Attraktion im Norden Münchens als etwa nach Schloss Neuschwanstein oder ins Deutsche Museum. Die BMW-Welt ist ein absoluter Hotspot für Touristen. Drei Millionen Besucher pro Jahr strömen zur Sehenswürdigkeit am Georg-Brauchle-Ring. Entworfen hat das spektakuläre Gebäude aus Stahl und Glas das Wiener Architekturbüro Coop Himmelb(l)au – und es ist wahrhaft gigantisch. 180 Meter lang, 130 Meter breit und 28 Meter hoch ist die Kathedrale der Neuzeit. Auf sieben über- und unterirdischen Etagen bietet der Bau 73.000 Quadratmeter Fläche voller Auto-Erlebnisse. Ein Hauptgrund, dieses monumentale Gebäude zu errichten, war es, die Übergabe der Neuwagen an die Käufer in einem spektakulären Ambiente zu zelebrieren. Die Besucher flanieren in den Hallen zwischen aktuellen Autos und Motorrädern. Sie bekommen Einblicke in Forschung, Entwicklung, Design, Produktion und Technik.

Der Bau, der 2007 eröffnet wurde, ist nicht nur zum Aushängeschild von BMW geworden. Er gehört bereits jetzt zum Münchner Stadtbild dazu. Nach Angaben des Unternehmens hat die Tornado-Architektur in der Nähe der »Vierzy-

Wenig später ist Jochen am Ziel und findet glücklicherweise gleich einen Parkplatz. Im Gebäude fragt er sich bis zu seinem Ansprechpartner, dem Chefredakteur, durch – und staunt nicht schlecht, als er von einem Bayern in Trachtenjacke mit einem herzlichen »*Griaß God*« begrüßt wird. Er muss an den Witz denken, den sein Freund Alexander früher in der Schule erzählt hat: »›*Are you smoking?*‹ – ›Nee, Trachtenanzug!‹« Solche Originale in Tracht hatte Jochen bisher nur auf dem Land und nicht in der Großstadt vermutet, schon gar nicht in einem Medienberuf! Aber inzwischen hat er ja gelernt, auch mit waschechten Bayern umzugehen. Immerhin hat er einen Schnellkurs im bayerischen Benehmen bei Magdalenas Familie absolviert.

»Grüß Gott«, antwortet Jochen.

Der Chefredakteur beginnt, über die Zeitung und die Aufgaben zu sprechen, die Jochen übernehmen würde.

Dann erzählt Jochen von sich – und bemüht sich, ein paar bayerische Worte in die Konversation einfließen zu lassen. Den Chefredakteur scheint es jedoch nicht sonderlich zu beeindrucken, dass der Bewerber aus Wuppertal *in der Friah* statt in der Früh sagt und *Arbeitszeignis* statt Arbeitszeugnis.

Gegen Ende des Gesprächs stellt Jochen noch eine Frage. »Stellen Sie Ihren Mitarbeitern für Außentermine einen Dienstwagen zur Verfügung?«, fragt er. »Ich bin ja gerade an der BMW-Welt vorbeigefahren – sehr beeindruckend!«

»Nein, leider nicht«, erwidert der Chefredakteur. »Sie würden ohnehin in der Regel vom Schreibtisch aus arbeiten. Auf Termine schicken wir meistens unsere freien Mitarbeiter. Und sollten Sie doch einen Außentermin haben, dürften Sie in der Innenstadt ohnehin besser mit der U-Bahn ans Ziel kommen. Wir stellen unseren Mitarbeitern eine Monatsmarke für den öffentlichen Nahverkehr zur Verfügung.«

»Okay, das macht nichts. Und über die Autos von BMW haben wir früher in der Schule ohnehin immer Witze gemacht. BMW ist ja die Abkürzung für ›Bayerischer Mistwagen‹ oder für ›Bei Mercedes weggeworfen‹«, meint Jochen und lacht.

Der Chefredakteur lacht nicht. »Vielen Dank für das Gespräch. Wir würden uns dann in den nächsten Tagen bei Ihnen melden. *Pfia God!*«, sagt er.

Obacht, neidabbt!

Da wäre Jochen besser mal bei sich geblieben. Grundsätzlich hatte er gute Karten. Seine Vita liest sich bestens und seine Zeugnisse und Arbeitsproben sind hervorragend. Der Arbeitsmarkt ist in Bayern auch einfacher als überall sonst. Hier herrscht fast Vollbeschäftigung. Trotzdem lief das Gespräch nicht gut. Warum? Weil es in Bayern nicht gut ankommt, wenn Menschen, die des Bairischen nicht mächtig sind, den Dialekt nachahmen. Das klingt in den Ohren der Einheimischen grausam. Außerdem kann es passieren, dass sich ein Bayer veräppelt fühlt, wenn jemand, der eigentlich der Hochsprache mächtig ist, auf einmal in vermeintlich simplem Bairisch spricht. Besonders nervig ist es für Bayern, wenn jemand feststehende bairische Begriffe verändert und etwa *Brezn* und Weißwurst zu Brezel und Weißwürstel macht. Und, aus aktuellem Anlass: Münchner gehen auf die *Wiesn*, nicht auf die Wiese.

Generell trifft man in der Landeshauptstadt selten auf echte bairische Dialektsprecher. Doch bairische Grüße und Floskeln werden gern verwendet, auch von den Zugezogenen oder ansonsten Hochdeutsch sprechenden Bayern, die von waschechten Bayern dann gerne als *Isarpreißn* beschimpft werden. Dass Touristen gerne von der Kellnerin mit »*Griaß God*« begrüßt werden, auch wenn sie eigentlich Ferienjobberin aus Italien ist, ist ebenfalls kein Geheimnis – und erhöht möglicherweise das Trinkgeld. Von denen, die das echte Bayern lieben und den Nepp durchschauen, gibt es hingegen keins.

Jochen hätte jedenfalls als künftiger Journalist in München durchaus selbstbewusst genug sein sollen, um sich nicht zu verbiegen und seinem potenziellen Chef nach dem Mund zu reden. Es wäre besser gewesen, wenn er ihn von seinen rhetorischen Fähigkeiten überzeugt hätte, statt sich in verkorkstem Bairisch zu versuchen.

Der andere Fehltritt, den sich Jochen geleistet hat, war eine Respektlosigkeit gegenüber Bayerns Vorzeige-Automobil. Er hätte keine schlechten Witze darüber reißen sollen. Im Geschäftsleben sollte Jochen viel diplomatischer vorgehen – gerade, wenn es um Themen geht, die kulturelle Eigenheiten betreffen. Dass der bayerische BMW im Vorstellungsgespräch nicht von einem *Preiß* lächerlich gemacht werden sollte, versteht sich von selbst. Wenn überhaupt, sind solche Späße im Berufsleben erst in Ordnung, wenn man sein Gegenüber gut genug kennt, um zu wissen, dass es mitlachen kann.

Dass der Chefredakteur in Tracht zur Arbeit gegangen ist, ist während der *Wiesn*-Zeit nicht zwingend ein Indiz dafür, dass es sich bei ihm um ein traditionsbewusstes bayerisches Unikat handelt. Er war vermutlich einfach, wie viele andere Arbeitende in München auch, bereits in bester *Wiesn*-Montur, um gleich nach Feierabend zur Theresienwiese zu pilgern.

SPORTGESCHICHTE UNTERM ZELTDACH

Am 26. Mai 1972 wurde das Münchner Olympiastadion mit einem Fußballspiel zwischen Deutschland und der UdSSR offiziell eröffnet. Wenig später, am 26. August 1972, feierten die Athleten ebenda die Eröffnung der XX. Olympischen Spiele in München. Am 7. Juli 1974 ging es hochkarätig weiter, damals trafen Deutschland und Holland im WM-Finale aufeinander. Es war grandios! Das deutsche Team holte vor mehr als 80.000 Fans seinen zweiten WM-Titel! Doch nicht nur die Nationalmannschaften, auch die beiden großen Vereine Münchens nutzten das Stadion: Von 1972 bis 2005 trugen der FC Bayern und der TSV 1860 hier ihre Heimspiele aus, letzterer mit Unterbrechungen. Bei der Fußball-WM 2006, dem deutschen Sommermärchen, diente das Stadion als Ort des Public Viewings. Gespielt wurde in der Allianz Arena, gefeiert auf der Leopoldstraße. Stillgelegt ist das Olympiastadion dennoch nicht. Heute dient es als Veranstaltungsort für

Großveranstaltungen wie Konzerte der Superlative. Unter anderem spielten hier bereits die Rolling Stones, Robbie Williams, Michael Jackson, Helene Fischer und viele mehr.

Interessant ist der Bau mit seinem fast 75.000 Quadratmeter großen Zeltdach übrigens nicht nur für Sportler und Musikliebhaber, sondern auch für Architekten. Wer sich die eindrucksvolle Konstruktion aus der Nähe ansehen möchte, kann dem Stadion bei einer speziellen Führung tatsächlich aufs Dach steigen. Legendär ist übrigens der Satz von Franz Beckenbauer, der in der Debatte um den Neubau einer Münchner Fußballarena einst sagte, es werde sich doch noch ein Terrorist finden, der das Olympiastadion wegsprenge.

19 BEZIEHUNGS-STATUS: SCHLEIFE RECHTS

DIE MACHT DER TRACHT

Bereits am nächsten Tag erhält Jochen den Anruf, dass er die Stelle bei der Anzeigenzeitung nicht bekommen hat. »Vielen Dank. Ihr Lebenslauf gefällt uns, aber wir würden in der Lokalredaktion doch lieber einen Bewerber einstellen, der sich in München bereits gut auskennt.« Jochen ist nicht allzu traurig, er hat fast damit gerechnet. Und immerhin stehen noch weitere Gespräche an. Heute Nachmittag wird er sich in der Pressestelle der Ludwig-Maximilians-Universität als Referent vorstellen.

Bereits den Weg von der U-Bahn zur Uni am Geschwister-Scholl-Platz 1 genießt er sehr. Vor dem ehrwürdigen Gebäude erstreckt sich ein großzügig angelegter Platz mit einem prächtigen Springbrunnen. Studenten liegen auf der Wiese, beißen in ihre Sandwiches, quatschen miteinander oder schmökern in ihren Büchern und Smartphones. Vor dem Universitätseingang entdeckt Jochen zu seinen Füßen einen Schwung in Stein eingelassener Papiere. Auf den zweiten Blick erkennt er, dass es sich dabei um eine Art Kopie der Flugblätter der »Weißen Rose« handelt. Und richtig, jetzt fällt ihm wieder mehr dazu ein. Während des Zweiten Weltkrieges studierten die Geschwister Scholl an der Münchner Uni und gründeten als Widerstand gegen die Nationalsozialisten die Gruppe »Weiße Rose«. Sie verbreiteten im Hauptgebäude der Uni, vor dem Jochen jetzt steht, regimefeindliche Flugblätter – und wurden deshalb verhaftet und zum Tode verurteilt. Wie gut, dass diese Flugblätter auch heute noch an die mutigen Studenten erinnern, findet Jochen – und nimmt sich vor, bald nochmals genauer nachzulesen, was Sophie und Hans Scholl damals geleistet haben. Noch besser wäre, jeder in Deutschland würde das nachlesen – und sich das Grauen der Nazizeit wieder bewusst machen. Die »Weiße Rose« sollte jedenfalls auch heute wieder aktiv sein, findet Jochen, und gegen die rechtsextremen Parteien im Land mobil machen.

Das Gespräch hinter den historischen Mauern läuft gut. Jochens beruflicher Werdegang scheint die Leiterin der Pressestelle zu überzeugen und offenbar nimmt an einer Uni, wo

Menschen aus aller Welt ein- und ausgehen, niemand Anstoß daran, dass Jochen aus dem exotischen Wuppertal stammt und des Bairischen nicht gerade mächtig ist. Als sich Jochen verabschiedet, signalisiert ihm die Dame, dass sie ihn gerne einstellen würde. Wenn ihn sein Gefühl nicht trügt und er tatsächlich eine Zusage bekommt, könnte Jochen in Kürze zu seiner Verlobten ziehen, in die vielleicht schönste Stadt der Welt, und dort in einem interessanten Job in der Ludwig-vorstadt unweit vom Englischen Garten arbeiten, ganz nah am legendären Ausgehviertel Schwabing. Es wäre ein wahr gewordener Traum!

Jochen muss nicht lange träumen. Schon zwei Stunden später klingelt sein Handy, während er gerade einen Cappuccino im Café Glockenspiel hoch über dem Marienplatz genießt. Die Leiterin der Pressestelle ist dran und sagt: »Ich will Sie gar nicht länger auf die Folter spannen ... Falls Sie mögen, würde ich Sie gerne so bald wie möglich in unserem Team begrüßen!«

Jochen grinst breit. So schnell hätte er nun auch wieder nicht damit gerechnet. »Ich will Sie auch nicht länger auf die Folter spannen – ich würde sehr gerne bei Ihnen anfangen«, erwidert er spontan und mit einem guten Gefühl im Bauch. In wenigen Tagen soll er den Arbeitsvertrag im Briefkasten haben. Dass es so schnell gehen kann!

Das muss gefeiert werden – und Jochen weiß auch schon, wie. Er wird Magdalena heute aufs Oktoberfest ausführen. Das hatten sie ohnehin geplant. Er weiß auch, dass im Schrank seiner Liebsten ein Dirndl hängt, das sie noch nie in seiner Gegenwart getragen hat. Trotzdem will er ihr ein weiteres schenken – eins, das zu der Tracht passt, die er sich für den heutigen Abend kaufen möchte.

Das findet er selbst ziemlich lustig, denn er hätte nie gedacht, dass er einmal in eine Lederhose schlüpfen würde. Aber immerhin wird er bald ein Bayer sein, zumindest ein Wahl-Bayer. Nur gut, dass ihn seine Freunde aus Wuppertal nicht so sehen werden, die würden gar nicht mehr aufhören zu lachen.

In der Nähe des Hauptbahnhofs wird Jochen fündig. In einem kleinen Laden besorgt er sich für überraschend kleines Geld ein Lederhosenimitat und ein kariertes Hemd. Die Hose ist blau eingefärbt. »Dann sehe ich nicht ganz so nach einem Seppl aus, sondern mindestens nach einem coolen Josef«, denkt er grinsend. Vielleicht sollte er sich auch noch einen Stoffhut in Form eines Bierkrugs holen. Das wäre ein großer Spaß, aber dazu will er erst Magdalenas Meinung hören. Für sie wählt er ein golden glitzerndes Mini-Dirndl aus, in dem sie sehr sexy aussehen wird. Das wird ein Fest!

Bevor er Magdalena abends das Geschenk überreicht, verbindet er ihr die Augen. So muss sie kurz auf ihn warten. Flugs schlüpft er in die Lederhose, die sehr lässig zu seinen Sneakers aussieht, wie er findet. Dann streift er seiner Verlobten das neue, laszive Gold-Dirndl über und führt sie vor einen Spiegel. Als er ihr die Schürze hinten zusammenbindet, lacht sie und sagt: »Hinten geht gar nicht, falls du gerade tust, was ich denke. Ich erklär dir gleich, warum.« Als er ihr das Tuch von den Augen nimmt und sie sich im Spiegel erblickt, lacht sie nicht mehr.

»Das ist nicht dein Ernst, oder?«, fragt sie, und blickt entsetzt auf sein *Wiesn*-Outfit. »Oh Gott! Es ist dein Ernst.«

DEN OKTOBER IM SEPTEMBER FEIERN

Warum heißt das Oktoberfest Oktoberfest, obwohl es überwiegend im September stattfindet? Im Jahr 2018 war es etwa von 22. September bis 7. Oktober. Der Grund dafür ist in der Geschichte zu suchen: Das erste Oktoberfest wurde 1810 zu Ehren der Hochzeit des bayerischen Kronprinzen Ludwig mit Prinzessin Therese von Sachsen-Hildburghausen veranstaltet, vom 12. bis 17. Oktober. In den Folgejahren wurde das Fest mit vergleichbaren Rahmenbedingungen wiederholt und später verlängert. Irgendwann begann es früher, was auch am verlässlicheren Septemberwetter lag. Die Abende und Nächte sind dann meist noch so warm, dass es sich beim Spazierengehen über die *Wiesn* und in den dortigen Biergärten besser aushalten lässt.

Obacht, neidabbt!

Ein glitzerndes, mit Pailletten verziertes Polyester-Dirndl für die Dame, das noch schnell in Bahnhofsnähe auf dem Weg zum Oktoberfest gekauft wird, und ein Stoffhut in Form eines Bierkrugs für den Herrn? Obacht: Solche Fehltritte sind auf der Münchner *Wiesn* Rucksacktouristen aus Australien oder Junggesellenabschieden aus dem hohen Norden vorbehalten. Für diese Gruppen ist ein solcher Dresscode tatsächlich vollkommen in Ordnung. Derart in den Augen schmerzende Absonderlichkeiten gehören zur *Wiesn* dazu und bereichern sie um weitere Sehenswürdigkeiten. Davon sind zumindest die liberaleren Bayern überzeugt. Wer aber von den Bayern ernst genommen werden will, darf weder ein blaugefärbtes Lederhosenimitat noch ein Shirt mit der Aufschrift »Bier formte diesen wunderschönen Körper« tragen. Und wenn Jochen glaubt, die waschechte Bayerin Magdalena würde ein glitzerndes Billig-Dirndl anziehen, braucht er in Sachen *Wiesn*-Traditionen noch jede Menge Nachhilfe. Was noch schlimmer ist, als Hüte in Bierkrugform aufzusetzen und in Pailletten-Dirndl zu schlüpfen? Im normalen Alltags-Outfit auf dem Oktoberfest zu erscheinen! Das geht nur, wenn man Lust auf ein Image als ausgemachte Spaßbremse hat.

Für viele Bayern ist es Ehrensache, gut gekleidet auf die *Wiesn* zu gehen. Gut gekleidet zu sein, das bedeutet für Frauen, ein Dirndl zu tragen, das sie bestens aussehen lässt und ihre Weiblichkeit feiert. Es kann aus einfarbigem oder gemustertem Stoff aus Baumwolle, Leinen oder Seide gefertigt sein. Krachende Farben und glitzernder Schnickschnack, der auch nach einigen Maß Bier noch in den Augen wehtut, sind dagegen tabu. Es geht auf dem Oktoberfest übrigens nicht darum, eine Tracht zu tragen, die nach festgelegten Regeln signalisiert, aus welcher Region die Trägerin stammt. Um *Wiesn*-konform zu sein, muss eine Passauerin keine Goldhaube aufsetzen, die grundsätzlich zur traditionellen Tracht der Dreiflüssestadt gehört, und ein Herr aus dem Berchtesgadener Land kann seinen Hut mit den Jagdtrophäen getrost zu Hause lassen. Diese Besonderheiten sind nur bei regionalen Festen entscheidend. Auf dem Oktoberfest geht es für Frauen einzig darum, ein traditionelles Dirndl-Kleid auszuführen, das aus mehreren Teilen besteht: dem Rock mit Schürze, dem angenähten Mieder und einer Dirndlbluse – sowie dem pushenden Dirndl-BH drunter.

Der Rock sollte dabei höchstens so kurz sein, wie ein Maßkrug hoch ist. Idealerweise sind Dirndl sogar so lang, dass sie mindestens die Knie umspielen. Da der Schnitt des Kleides die Weiblichkeit ohnehin herausstellt, braucht es aus Sicht der Bayern nicht noch kurze Röcke. Über dem Rock tragen Frauen eine Schürze, die einige Fingerbreit über dem Rocksaum enden sollte. Und Achtung, jetzt wird es wichtig: Theoretisch gibt es beim Binden der Schürzenschleife zahlreiche Möglichkeiten. Die Trägerin könnte sie seitlich, vorne oder hinten verknoten. Doch – alte *Wiesn*-Regel: Mit dem Sitz der Schleife geben Frauen Auskunft über ihren Beziehungsstatus. Bindet frau ihre Schleife links, signalisiert sie, dass sie noch zu haben ist – und freut sich vielleicht über die Einladung zu einer Maß. Sitzt die Schleife rechts, bedeutet das, dass die Frau verheiratet oder zumindest in festen Händen ist. Eine Schleife am Rücken tragen Kellnerinnen und Witwen. Wer möchte, verrät sogar seine Jungfernschaft – und zwar dann, wenn frau die Schleife vor ihrem Bauch verknotet. Verrückt ist, dass sich viele Münchnerinnen jahrelangem Emanzipationskampf zum Trotz an diese Regel halten. Doch sie tun in vielen Fällen tatsächlich gut daran, denn so mancher Schürzenjäger nimmt diese Regel ernst und verhält sich der Frau gegenüber entsprechend. Dass Jochen die Schürze hinten binden wollte, ist natürlich höchst unpassend.

Unpassend ist auch sein eigenes Outfit. Männer tragen auf der *Wiesn* eine fesche Lederhose und eine frische Maß, was teilweise noch konkretisiert werden muss: Die klassische

Lederhose für Männer wird in Bayern als Krachlederne bezeichnet. Idealerweise handelt es sich dabei um eine kurze Hose, zur Not um eine knielange. Vor allem sollte sie aus echtem Leder statt aus billigem Imitat gefertigt sein. Dafür muss man vergleichsweise tief in die Tasche greifen, aber da Jochen nach München ziehen wird, dürfte es eine Investition sein, an der er viele Jahre Freude haben wird. Magdalena plant, mit ihm demnächst zur Trachtenabteilung von C&A am Marienplatz zu gehen. Hier gibt es Trachten für Männer und Frauen zu einigermaßen vernünftigen Preisen. Robust, pflegeleicht und langlebig wird seine neue Hose dann sein, in natürlichem Braun.

Ihre Klasse bekommt eine Lederhose jedoch erst, wenn sie über Jahre hinweg getragen wurde. Das ist eine Trachtenregel. Speckig soll sie sein, gebraucht – nur dann gilt sie als echt. Jochen wird diesbezüglich schwerlich punkten können, sofern er seine Hose nicht aus zweiter Hand kauft. Tipp: Wer einer neuen Krachledernen Leben einhauchen will, kann sich nach dem Essen ruhig die fettigen Finger an ihr abwischen. Dann sieht sie schneller *wiesn*-tauglich aus.

Zur Lederhose sollten Männer auf keinen Fall ein T-Shirt tragen, sondern ein klassisches Trachtenhemd aus Leinen oder Baumwolle in Weiß, Creme oder einem hellblauen Businessfarbton. Karierte Hemden gehen auch. Als schicker gelten diese, wenn die Karos nicht zu groß ausfallen.

Tabu sowohl bei Männern als auch bei Frauen sind Turnschuhe oder Sneakers. Männern können sich in Haferl- oder gegebenenfalls Wanderschuhen sehen lassen, Frauen in Ballerinas.

DER *WIESN*-BUSINESS-KNIGGE

Münchner Chefs ziehen während der *Wiesn*-Zeit nicht nur Leder-, sondern auch Spendierhosen an. Viele Firmen laden ihre Mitarbeiter in diesen Tagen zum Oktoberfest ein. Damit es beim größten Volksfest der Welt nicht zum Gesichtsverlust kommt, sollten Angestellte einige Knigge-Regeln beherzigen, wie Knigge-Trainerin Karin Hallinger aus Landsberg am Lech sagt. Lautstark von Beginn der Veranstaltung an *Anton aus Tirol* zu grölen, dem Chef ein Pfefferkuchenherz mit der Aufschrift »Luder« umzuhängen, der hübschen Sekretärin einen ordentlichen Klaps auf den Hintern zu verabreichen und nach der fünften Maß mit dem Kopf auf dem Biertisch einzuschlafen – all das könnte dazu führen, dass der Chef dem Angestellten künftig eher weniger verantwortungsvolle Aufgaben überlässt.

Eins vorneweg: »Während der Stunden vor dem *Wiesn*-Besuch ist in der Regel normaler Arbeitsalltag angesagt«, sagt Knigge-Expertin Karin Hallinger. Wenn es der Chef nicht ausdrücklich begrüßt, dass seine Mitarbeiter im Betrieb Dirndl und Lederhose tragen, sollten sie erst kurz vor dem *Wiesn*-Besuch in ihre Tracht schlüpfen. Meist hänge es von der jeweiligen Branche ab, in welcher Kleidung man arbeiten dürfe. Eine Bäckerin könne eher im Oktoberfest-Outfit zum Dienst erscheinen als eine Bankkauffrau, die jederzeit Seriosität verkörpern müsse. Auf der *Wiesn* wiederum ist der hochgeschnittene Businessanzug deplatziert, ein Filzhut in Maßkrugform allerdings auch. Ordentliche Tracht ist auch beim *Wiesn*-Ausflug mit der Firma beinahe ein Muss.

Natürlich gehöre zum gemeinsamen *Wiesn*-Besuch mit der Firma auch, Bier zu trinken, zu schunkeln, *Hendl* zu essen. Aber selbst wenn sich der Chef spendierfreudig gibt, sollten sich die Mitarbeiter nicht völlig der Freibierlaune hingeben. Das Bier sollte in Maßen, nicht in Massen genossen werden. Vor allem Führungskräfte sollten aufpassen, dass das lustige Anstoßen nicht mit einem Autoritätsverlust einhergeht. Es ist legitim, beim Wasser zu bleiben. Ein guter Tipp ist auch, Apfelschorle zu bestellen. Nach ein paar Minuten vergessen die spottenden Kollegen, dass es sich dabei nicht um Bier handelt.

Singen, aber dabei nicht derb werden, tanzen, aber nicht auf dem Tisch – und besser nicht, bevor der Chef die Hüften schwingt, tratschen, aber weder zu privat noch zu geschäftlich. Das Gebot der Stunde lautet fröhliche Zurückhaltung. Wenn Geschäftskunden aus einer anderen Stadt mit am Tisch sitzen, sind Hallinger zufolge Tipps für ihren weiteren Münchenaufenthalt ein unverfängliches Gesprächsthema.

Unabhängig davon, wie feucht-fröhlich die Kollegenrunde im Laufe des Abends noch gefeiert hat – am nächsten Arbeitstag ist Pünktlichkeit Pflicht, wie Karin Hallinger betont. Sich wegen des dicken Kopfes krankschreiben zu lassen und die beruflichen Pflichten zu vernachlässigen, sei absolut tabu, sonst würde die Stimmung des Vorgesetzten möglicherweise getrübt wie Hefeweißbier.

Wer trotz aller Mahnungen auf dem Oktoberfest über den Durst getrunken und sich entsprechend danebenbenommen hat, sollte beten, dass der Biertisch-Tango nicht als Video im Intranet landet – und sich auch ansonsten um Schadensbegrenzung bemühen. Hallinger empfiehlt in diesem Fall, ein Vieraugengespräch mit dem Chef zu suchen und sich zu entschuldigen. »Dann weiß der Vorgesetzte, dass dem Angestellten sein peinlicher Auftritt bewusst ist«, sagt die Benimm-Expertin. »Der Mitarbeiter sollte versichern, dass es bei den nächsten Betriebsfesten nicht wieder so weit kommt – und sich auch daran halten.«

20 AUF DER *WIESN*

VON ZELTEN, MINDESTVERZEHR UND HENDLFETTIGEN HÄNDEN

Wohlweislich hat Magdalena für den gemeinsamen *Wiesn*-Besuch vorgesorgt. Sie hat sich die Krachlederne ihres Vaters ausgeliehen, die Jochen einigermaßen passen sollte. Sie selbst holt ihr hellgrünes Dirndl mit der zarten, rosafarbenen Schürze aus dem Schrank.

»Du bist die schönste Münchnerin«, sagt Jochen verliebt, als er seine Verlobte in ihrem schönen Gewand sieht, und zieht die Schleife, die natürlich rechts gebunden ist, fester. »*Meine* schönste Münchnerin«, betont er und küsst sie.

Jochen selbst muss den Gürtel enger schnallen. Die Hose seines künftigen Schwiegervaters ist ein bisschen weit für ihn. Vielleicht passt sie ja nach dem gegrillten Hühnchen besser, das er auf dem Oktoberfest essen will und zu dem Magdalena *Hendl* sagt.

In der U-Bahn zur Theresienwiese zieht er den Bauch jedoch zunächst wieder ein. Eingepfercht wie Ölsardinen transportiert der Zug Magdalena, ihn und Hunderte andere Menschen aus aller Welt in Richtung Oktoberfest. Sie können froh sein, noch einen Stehplatz bekommen zu haben. Etliche andere Menschen mussten wegen drohender Überfüllung der Bahn auf dem Bahnsteig zurückbleiben und auf den nächsten Zug warten. Im Abteil riecht es nach Schweiß und Alkohol.

»Für die Heimfahrt spendiere ich uns ein Taxi«, flüstert Jochen Magdalena ins Ohr.

»Ich fürchte, das ist keine Alternative«, sagt sie. »Zur *Wiesn*-Zeit habe ich noch nie eins bekommen.«

Als sie in der Menschenmenge am U-Bahnhof Theresienwiese aus dem Abteil gespült werden, hören sie eine lustige Durchsage.

»Bitte alles aussteigen! Die Fahrt im längsten Fahrgeschäft der *Wiesn* mit Platz für 1.000 Leute endet hier, sofern Sie für das größte Volksfest der Welt angereist sind. So etwas wie unsere U-Bahn haben die da droben nicht. Wollen Sie dennoch schauen, was die anderen Fahrgeschäfte zu bieten haben, müssen Sie nur 50 Meter bis zur Treppe gehen ... 60 Schritte ... Und, falls Sie bereits jetzt zu viel intus haben, 70 Schritte ... Drängeln Sie nicht, das Bier reicht für alle. Wir haben uns davon überzeugt.«

Jochen muss grinsen. Nie im Leben hätte er erwartet, dass ein Sprecher des öffentlichen Nahverkehrs in München so launige Durchsagen macht.

»Du hältst uns Bayern für spießiger, als wir sind«, wirft Magdalena ihm vor.

»Nur für korrekt«, erwidert Jochen.

»Du wirst ja gleich auf der *Wiesn* sehen, wie korrekt wir sind«, sagt Magdalena und patscht mit einer Hand frech auf Jochens lederbehosten Hintern.

Endlich gelangen sie an die Oberfläche. Hier flankieren Sicherheitskräfte und Polizisten den Weg zum Eingang der Festwiese.

»Das Sicherheitsaufgebot wird immer größer«, erklärt Magdalena ihrem Liebsten und deutet auf den Zaun, der das Festgelände umgibt. »Den gab es früher nicht. Seit dem 11. September 2001 machen sie die *Wiesn* zum Hochsicherheitstrakt. Und es gab ja tatsächlich schon mal ein *Wiesn*-Attentat – 1980.«

Bevor sie das Festgelände betreten, kontrolliert ein Sicherheitsmann Magdalenas Handtasche. »Nichts für ungut«, sagt er und wühlt sich durch Geldbörse, Haarbürste und ein Deo, was Magdalena unangenehm ist. Den Herrn neben ihnen, der einen Rucksack dabeihat, fordert er auf, das Gepäck zu einer Aufbewahrungsstation zu bringen. »Solch große Gepäckstücke sind in diesem Jahr verboten«, erklärt er dem verärgerten *Wiesn*-Besucher. »Lassen Sie am besten alles zu Hause, was nicht in die Hosentasche passt. Sorry.«

DAS *WIESN*-ATTENTAT

Am 26. September 1980 wurde ein Alptraum zur Realität. Um 22.20 Uhr, kurz bevor die Bierzelte für diesen Tag schließen sollten, explodierte in einem Abfalleimer am Haupteingang der *Wiesn* ein Sprengsatz, der 13 Menschen in den Tod riss und 211 weitere zum Teil schwer verletzte. Unter den Toten war auch der mutmaßliche Attentäter Gundolf Köhler, ein Geologiestudent aus Donaueschingen. Die Ermittler gingen von einem Einzeltäter aus, doch die Zweifel, dass er einer rechten Terrorgruppe angehörte, konnten nie gänzlich ausgeräumt werden. Es gab damals kurzfristig Überlegungen, das Oktoberfest abzubrechen, was am Ende nicht geschah. Der Anschlag fiel makabererweise in die letzten Tage des Bundestagswahlkampfs, den Bundeskanzler Helmut Schmidt unter dem Motto »Sicherheit für Deutschland« geführt hatte. Sein Herausforderer war Franz Josef Strauß aus Bayern.

Das mulmige Gefühl, das sich bei Magdalena immer einstellt, wenn viel Aufhebens um die Sicherheit gemacht wird, ist wie weggeblasen, als sie endlich auf dem Gelände des berühmtesten Volksfests der Welt stehen. Jochen weiß nicht, wo er hinschauen soll, so vieles gibt es zu entdecken und zu bestaunen. So irre Fahrgeschäfte! So witzige Menschen überall! Der Geruch nach gegrilltem Hähnchen und dann wieder nach gebrannten Mandeln! Eine Junggesellengruppe mit weißblau-karierten Hüten schunkelt an ihnen vorbei, Kinder versinken in ihren Zuckerwatten und Menschen, die gerade im freien Fall den *Skyfall* hinabsausen, kreischen aus voller Kehle.

»Willst du mit mir Riesenrad fahren?«, fragt Magdalena. Jochen will.

Als sie die Gondel langsam in immer luftigere Höhen hebt, sind beide euphorisch. Dieser magische Ausblick über die Festwiese voll fröhlichen Trubels und über die wunderschöne Stadt! Atemberaubend!

»Magdalena, schau mal, da hinten: Sind das die Berge?«, fragt Jochen.

»Ja, das sind sie. Herrlich!«, antwortet Magdalena. Sie küssen sich. »Romantischer geht es nicht«, denkt Magdalena.

Nach ein paar Minuten haben sie wieder festen Boden unter den Füßen. Nur die Schmetterlinge im Bauch, die flattern immer noch wild herum. Am Süßigkeitenstand kauft Jochen Magdalena ein Lebkuchenherz, auf dem »*Spatzl*« steht, und hängt es ihr um. Ihr Glück ist perfekt. Fast.

»Jetzt müssen wir was essen«, sagt Jochen. »Welches Bierzelt ist das beste für uns?«

»Die jüngeren Leute gehen am liebsten in den Schottenhamel, die Adeligen ins Schützenzelt, die bessere Gesellschaft zum Käfer und die Homosexuellen zur Bräurosel«, erzählt Magdalena. »Für uns ist das beste Zelt das, in das wir überhaupt hineinkommen. Es ist bedauerlich, aber oft sind die Zelte schon mittags dicht. Falls wir drinnen keinen Platz bekommen, suchen wir uns einen in den Biergärten.«

Magdalena sollte zunächst recht behalten. »*Mia san dicht*«, heißt es vor dem Weinzelt, der Löwenbräu-Festhalle und dem Winzerer Fähndl. Als sie es beim großen Hacker-Festzelt versuchen, wollen sie angesichts der Schlange gleich aufgeben, doch ein Herr neben ihnen winkt mit Einlassbändern. »Ach, kommen'S mit uns mit. Bei uns sind noch zwei reservierte Plätze frei. Die Kollegen schwächeln. Gehen'S mit uns rein und setzen Sie sich. Die Bedingung ist, dass Sie sich an den Mindestverzehr halten: zwei Maß, ein halbes *Hendl*.«

»Ist das Ihr Ernst? Zwei Maß? Ein halbes *Hendl*? Also, ich glaube ...«, will Jochen abwiegeln.

»Vielen Dank, das ist wahnsinnig nett«, unterbricht Magdalena ihn. »Wir kommen mit!« In Jochens Ohr zischt sie: »Wir sind Glückspilze, dass wir an einem Freitagabend reinkönnen! Das ist unbezahlbar.«

Gemeinsam mit der Kollegengruppe des Herrn drängeln sich Magdalena und Jochen zu den Plätzen in ihrer sogenannten »Box«. Auf dem Weg sieht Jochen sich um. Die Wände des fußballfeldgroßen Zelts sind mit Münchner Motiven bemalt. Die Decke kommt mit Sternen und Wolken als Bayernhimmel daher – und passenderweise spielt die Band in einem sich drehenden Pavillon mitten im Zelt *Knockin' on Heaven's Door*.

Als sie endlich sitzen, stellt eine Kellnerin, die Kräfte wie Obelix zu haben scheint, zehn Maß Bier auf einmal auf den Tisch. Jochen und Magdalena stoßen mit ihren Tischnachbarn an und bewegen ihre Köpfe im Takt zur Rock'n'Roll-Musik, die jetzt gespielt wird. Der Mann, der sie hineingebracht hat, trommelt mit den Fingern auf dem Tisch. Die Menschen am Nebentisch tanzen sogar auf den Bänken. Jochen ist froh, dass er eine Lederhose angezogen hat. Es ist toll, dazuzugehören! Was für eine Stimmung!

Dann wirft er einen Blick auf die Speisekarte, und seine Laune sinkt augenblicklich.

»Sind die Preise ernst gemeint? 11,40 Euro für die Maß und 11,80 Euro für ein halbes Hähnchen?«

»Ja, Jochen. Die Preise gehören auch zur *Wiesn* dazu. Komm, es ist nur einmal im Jahr. Und jetzt Prost!«, sagt Magdalena und bringt ihn dazu, wieder mit ihr anzustoßen.

Wie es die Kellnerin schafft, das Riesentablett mit den insgesamt zehn gegrillten Hähnchen an den Tisch zu bringen, ist Jochen ein Rätsel. Das Hähnchen selbst allerdings auch.

»Da ist ja nichts dabei, nicht mal Kartoffelsalat«, mault er und schaut Magdalena fragend an. Den Petersilienstängel, der dem Hühnchen auf dem Teller Gesellschaft leistet, lässt er nicht als Beilage durchgehen.

»Beilagen hätten extra gekostet«, sagt Magdalena. »Jochen, es ist *Wiesn*. Entspann dich!«

»Ein halbes Hähnchen mit einem Stängel Petersilie für 11,80 Euro. Das trinke ich mir jetzt mal schön. Für circa drei Euro pro Schluck Bier. Prost!«, sagt Jochen schicksalsergeben und sieht mit Entsetzen, wie seine Verlobte das Hähnchen mit den Fingern in Stücke reißt. Wie eine Barbarin!

»Schatz, du weißt, ich liebe dich«, sagt er, sichtlich schockiert. »Aber glaubst du nicht, dass du zu viel getrunken hast? Was machst du denn da?«

Obacht, neidabbt!

Es soll ja Menschen geben, die im Restaurant darauf verzichten, Hähnchen zu bestellen – aus Sorge, es nicht ordentlich zerteilen und essen zu können. Das ist auch eine schier unmögliche Mission. In der Regel enden die Versuche, Hähnchen mit Messer und Gabel zerlegen zu wollen, damit, jede Menge Fleisch an den Knochen zurückzulassen. Mit gewöhnlichem Besteck geht dieses im Normalfall beim besten Willen nicht vollständig ab. Wie herrlich ist es im Vergleich dazu, sich beim Grillstand um die Ecke ein halbes Hähnchen einpacken zu lassen, es heimlich zu Hause, im stillen Kämmerchen, mit den Händen zu filetieren und nach bester Steinzeitart zu genießen, bis auch das letzte Stückchen Hähnchenfleisch verspachtelt ist. Die für manchen überraschende, aber doch in jedem Fall gute Nachricht lautet: Genau das ist auch auf dem Oktoberfest erlaubt, und zwar nicht auf Wiggerl Hagns, Thomas Roiderers – und wie die Festwirte alle heißen – Geheiß hin, nein! Die Absolution fürs bierzeltinterne *Hendl*knochenabnagen erteilt auch der Knigge. Auf der *Wiesn* darf genau wie auf anderen Volksfesten oder wie im Biergarten das Besteck weggelassen und das Hähnchen mit dem ältesten Werkzeug der Welt, den eigenen Händen, zerteilt werden. Und natürlich gehört es auch dazu, die Knochen komplett abzunagen. Hilflos alleingelassen ist im Anschluss ans Festmahl in der Regel niemand mit seinen fettigen Fingern: Normalerweise reicht die Bedienung zum Hähnchen ein Erfrischungstuch zur Reinigung der Hände. Dass diese Tradition jedoch nicht selbsterklärend ist, zeigt ein Video, das im Internet kursiert und drei Asiatinnen beim *Hendl*essen zeigt. Die Damen wussten offensichtlich nicht so recht, was sie mit den nach Zitronen duftenden Erfrischungstüchern anfangen sollten – und rieben daher ihr Hähnchen damit ein. Das Ergebnis? Ein bayerisch-asiatisches Zitronenhuhn!

Was die Preise für diese »Hühnchen ohne alles« und das Bier betrifft: Es gehört dazu, dass auf der *Wiesn* jeder über die aberwitzig steigenden Preise schimpft – selbst in den seltenen Ausnahmejahren, in denen sie gar nicht erhöht wurden. In der Regel aber wird jeden einzelnen Sommer wieder der erneut angehobene Maßpreis verkündet. Meist wird dabei wieder und wieder eine monetäre Schallmauer durchbrochen, die man noch im Vorjahr für unmöglich gehalten hatte. Dass etwa 2018 die 11-Euro-Schamgrenze überschritten wurde, trieb vielen Münchnern den Schaum vor den Mund, auch wenn der Preis mit den höheren Sicherheitskosten erklärt wurde, die die Umsatzpacht der Wirte erhöht hätten. Aber es sagt ja auch niemand, dass die *Wiesn* eine soziale Angelegenheit sei. Beziehungsweise seit 1866 sagt es niemand mehr. Damals hatte allerdings die Stadt beschlossen, »in Anbetracht der Zeitverhältnisse und dem Mangel an Bargeld, ein Oktoberfest nicht abzuhalten«. Heute übernimmt niemand mehr soziale Verantwortung dieser Art – man gesteht den Menschen höchstens zu, halt nicht hingehen zu müssen.

Die meisten tun es dann doch, grantelnd und zähneknirschend, und leisten sich mindestens einmal pro Saison das klassische Dreigestirn aus Maß, *Hendl* und *Brezn*. Genau das ist denn auch der Tipp für Jochen, um doch noch eine Beilage zu bekommen: Er könnte für sich und seine Liebste eine Riesen*brezn* kaufen – entweder an einem Stand oder bei einer *Brezn*-Verkäuferin, die in absehbarer Zeit an den Tisch kommen dürfte.

Was beim *Hendl*kauf vielleicht außerdem tröstet, ist, dass die Hunderttausenden *Hendl*, die alljährlich auf dem Oktoberfest verspeist werden, nicht aus fernen Ländern, sondern überwiegend aus Deutschland und manchmal auch aus Österreich kommen. Die Wirte der großen Bierzelte tun in der Regel das, was deutsche Verbraucher gerne überall sehen würden: Sie kennzeichnen fast alle die Herkunft des Geflügels auf der Speisekarte. Jochen lernt: Wenn es aus solch geordneten Verhältnissen stammt, kann er das Hühnchen auch mit den Händen rupfen. *An Guadn!*

DIE *FESTA D'OTTOBRE*

Am zweiten *Wiesn*-Wochenende verwandelt sich die Theresienwiese in die *festa d'ottobre* oder die *festa della birra*. Dann dürfte halb Italien leerstehen, da die gefühlt halbe Nation nach München reist. Die Legende von den Wohnwagen, die man auf dem Weg über den Brenner bis nach München sogar vom Weltraum aus sehen könnte, hält sich hartnäckig. Insgesamt bilden die Italiener mit 19 Prozent den größten Anteil der ausländischen *Wiesn*-Gäste. München ist in der Regel gut auf den Ansturm vom Stiefel vorbereitet und heißt die Italiener willkommen. So grüßen etwa die Titelseiten der Tageszeitungen während des »Italiener-Wochenendes« gerne zweisprachig und auch im Radio gibt es die Verkehrsmeldungen auf Italienisch. Um Kommunikationsproblemen vorzubeugen, werden die Münchner Einsatzkräfte durch Kollegen aus Südtirol verstärkt. Die Eigenschaft vieler Italiener, ausschweifend mit den Händen zu sprechen, sorgte in der Vergangenheit oft für Missverständnisse, die sich unter Landsleuten schneller klären lassen. Außerdem sollen die italienischen Ordnungshüter in den vertrauten Uniformen ausgleichend auf die Südländer wirken. Die italienischen Beamten sind befugt, Einlasskontrollen durchzuführen und Tatverdächtige festzunehmen.

21 WIR SIND CSU

DIE ERFINDER DES WEISSBLAUEN HIMMELS UND VON RECHT UND ORDNUNG

Magdalena und Jochen beschließen, zu Fuß von der *Wiesn* nach Hause zu gehen. Es ist zwar ein Stück von der Theresienwiese bis nach Thalkirchen, aber allemal besser, als sich nochmals in die überfüllte U-Bahn zu quetschen oder auf ein Taxi zu warten, das sie in einer Oktoberfestnacht doch nicht bekommen würden. Als sie die Goethestraße entlangspazieren, nimmt Jochen erstmals richtig die Plakate wahr, mit denen wegen der bayerischen Landtagswahl die Stadt tapeziert ist. »Klare Kante gegen rechts«, versprechen die Grünen darauf. »Eine neue Generation Bayern«, kündigt die FDP an. »Wir halten, was die CSU verspricht«, droht die AfD.

»Ach, AfD und CSU könnten ehrlicherweise ruhig miteinander koalieren. So rechts, wie die CSU inzwischen drauf ist ...«, meint Jochen.

»Na ja, das ist schon ein Unterschied«, widerspricht Magdalena.

Dann sehen sie ein Plakat des amtierenden Ministerpräsidenten Markus Söder. Jochen deutet darauf und lacht. »›Das Beste für Bayern‹, steht da – und dann ist Söders Konterfei zu sehen. Ich lach mich scheckig!«, sagt er. »Lustig ist es schon, wie die immer tun, als wären sie eins mit Bayern, als hätten sie den weißblauen Himmel, die Berge und die Kühe auf den Almen erfunden.«

»Wer – die?«, fragt Magdalena.

»Na, die von der CSU«, erklärt Jochen. »Diese Arroganz, mit der sie immer auftreten. Mit der sie den Rest Deutschlands unter Druck setzen wollen, weil sie bei jeder Diskussion bis zu dem Punkt gehen, an dem sie die Regierung platzen lassen würden. Nur um Kuriositäten wie die Ausländermaut durchzusetzen – und damit ihre Stammtischbeschlüsse.«

Er schüttelt den Kopf und spricht weiter: »Schade, dass ich bei den Wahlen meinen Hauptwohnsitz noch nicht nach München verlegt haben werde. Vielleicht sollte ich das doch noch hinkriegen, damit ich den Söder verhindern kann. Scheint ja eine historische Klatsche zu geben für die CSU. Vielleicht fehlt nur noch meine Gegenstimme für die gelb-grün-rote Koalition. Dann würden mir die Bewohner Restdeutschlands die Bundesverdienstmedaille verleihen.«

AMIGOS IN DER CSU

Mit dem Ausruf »*Saludos Amigos*« begrüßte Ministerpräsident Max Streibl seine Parteifreunde am Politischen Aschermittwoch 1993. Damit wollte er die Vorwürfe, er habe politische und wirtschaftliche Interessen verquickt, ins Lächerliche ziehen. »Freunde zu haben, ist das eine Schande bei uns in der CSU?«, fragte er und verpasste der »Amigo-Affäre« damit einen Namen.

Streibl soll als Finanzminister auf Kosten eines Flugzeugbauers Urlaub in Brasilien gemacht und sich im Gegenzug für die wirtschaftlichen Interessen des Unternehmers eingesetzt haben. Im Mai 1993 musste Streibl zurücktreten. Wer heute das Führungsteam der CSU brutalstmöglich kritisieren und ihr kollektives Versagen vorwerfen will, der packt einen historischen Vergleich aus und sagt, er fühle sich an die Endzeit der Streibl-Ära erinnert

Magdalena holt aus. »Weißt du eigentlich, was wir dieser Partei hier in Bayern zu verdanken haben? Warum es hier sicherer ist als anderswo? Warum der Boden, über den wir hier gehen, so vergleichsweise sauber ist? Warum hier in der Stadt so viele bestens ausgebildete Menschen leben? Warum hier jeder Arbeit hat? Auch du profitierst davon, du hast dir hier rasant schnell einen Traumjob geangelt! Es hat seine Gründe, dass jeder in München wohnen möchte – und die haben wir der Politik im Freistaat zu verdanken. Dafür bin ich der CSU einigermaßen dankbar.«

»Aber Magdalena, die CSU hat das schöne Wetter nicht gezaubert«, erwidert Jochen. Er staunt. Bisher hatten sie tatsächlich noch nie über Politik gesprochen. Schwer zu glauben, eigentlich. Vermutlich war ihre gemeinsame Zeit zu unbeschwert, um sie damit zu belasten. Dennoch hätte Jochen nie gedacht, dass seine coole, emanzipierte Verlobte diese erzkonservative Partei wählen könnte.

»Das ist alles nicht dein Ernst, oder?«, fragt er entgeistert. Magdalena schweigt.

Obacht, neidabbt!

Die CSU war in Bayern jahrzehntelang gesetzt wie das Amen in der Kirche und auf bayerischem Boden verankert wie die massiven Berge der Alpen. Dass der Himmel über dem Land meistens so herrlich weißblau leuchtet, die Sonne scheint, die Straßen sauber sind und Bier und Leberkässemmeln so gut schmecken – das schienen für die Menschen Verdienste der CSU gewesen zu sein. Die CSU war und ist mehr als Politik für die Bayern. Sie ist ein Lebensgefühl, das *mia san mia,* das die bayerischen Besonderheiten auch im Bund unterstreicht und verteidigt – auch wenn der Rest der Republik immer wieder den Kopf darüber schüttelt, wenn Bayern die Einführung der Autobahnmaut »für Ausländer« oder das Betreuungsgeld zur scheinbar dringlichsten Chefsache überhaupt erklärt. Das tun die Politiker mit bairisch gerolltem R, damit ja jeder weiß, wo die Region liegt, von deren Stammtischen aus diese Forderungen hochgekocht sind.

Kurzum: Bayern geht es gut, weil es so gut regiert wird. Das dachte man länger als ein halbes Jahrhundert lang. Bis zur Landtagswahl 2018 schien es reichlich egal zu sein, wen die CSU bei ihren Wahlen aufstellte. Der schöne Spruch, wonach selbst eine Zaunlatte nominiert werden könnte und gewählt werden würde, geisterte zu Recht herum. Politische Konkurrenz? Fehlanzeige! 2018 aber geriet die weißblaue Welt aus den Fugen. Der Einzug ins Maximilianeum, dem Sitz des bayerischen Landtags, wackelte vielerorts. Ausgerechnet die Grünen und leider auch die AfD kosteten die Schwarzen viele Stimmen. Seit 1962 hatte die CSU Bayern mit Ausnahme der Wahlperiode 2008 bis 2013 allein regiert. Jetzt musste die Macht geteilt werden. Böse Zungen wie die von Grünen-Politiker Robert Habeck sagten dazu: »Endlich gibt es wieder Demokratie in Bayern«, wofür er sich sogleich entschuldigte, denn demokratisch gewählt wurden ja auch die Alleinherrscher. Doch auf einmal wirkte Bayern ein bisschen wie ein normales Bundesland, in dem nach einem Wahlabend Koalitionen geschmiedet werden müssen. Schmerzvoll für die CSU war, dass sie 37,2 Prozent eingefahren hatte, ein Ergebnis, über das sich jede andere Partei in Deutschland freuen würde. Für Bayerns Schwarze aber stellte diese Zahl einen herben Verlust und das schlechteste Ergebnis seit 1950 dar. Gründe dafür, warum das so lange durch die CSU positiv besetzte weißblaue Lebensgefühl nicht mehr zog, gab es einige. Der Ton der Partei gefiel vielen Wählern nicht mehr, wenn beispielsweise im Wahlkampf von »Asyltourismus« die Rede war. Außerdem ging viel Vertrauen verloren, als Seehofer-Spezl Hans-Georg Maaßen vorerst weiter an seiner Karriere arbeiten durfte, obwohl er lieber in der Bild-Zeitung Verschwörungstheorien verbreitete als die diskrete Arbeit eines Geheimdienstlers zu verrichten.

Dennoch gibt es immer noch viele Menschen, die der CSU dankbar sind für den Wohlstand Bayerns – und die überzeugt davon sind, dass die Partei wie niemand sonst für seinen Fortbestand sorgen kann. Für diese Menschen kommt die Wahl jeder anderen Gruppierung einer Majestätsbeleidigung gleich. Magdalena ist so jemand – und Jochen wird es nicht schaffen, sie von dieser Sicht der Dinge abzubringen.

Wie es mit der CSU weitergeht, das können nicht einmal die Meinungsforscher über den kommenden Sonntag hinaus vorhersagen. Dass sie sich aber auf Dauer die Macht im Freistaat teilen muss, wie derzeit mit den Freien Wählern, ist für die meisten Bayern unvorstellbar.

WARUM ES DIE CSU ÜBERHAUPT GIBT

Die CSU gibt es nur in Bayern. Sie stellt sich auch nur dort zur Wahl. Im Deutschen Bundestag bildet sie eine Fraktionsgemeinschaft mit der CDU, die wiederum »nur« in der übrigen Bundesrepublik antritt. Beide Parteien zusammen bilden als Schwesterparteien die Union. Wie es zu diesem Konstrukt kam? Nun, es gab bereits bei der Gründung der Schwestern Rivalitäten, die bis heute existieren.

Grundsätzlich kamen nach Kriegsende in ganz Deutschland an vielen Orten bürgerliche und konservative Kräfte zusammen, um christliche Volksparteien als ein politisches Gegengewicht zu SPD und KPD zu gründen – auch in Bayern. Der Name Christlich-Soziale Union in Bayern wurde am 25. August 1945 in Würzburg festgelegt. Die offizielle Gründung der Partei folgte am 13. Oktober. 1947 wurde eine »Arbeitsgemeinschaft der Christlich-Demokratischen und Christlich-Sozialen Union Deutschlands« als organisatorisches Bindeglied zwischen den Zonen- und Landesverbänden der Unionsparteien gegründet. Doch: Am 14. Januar 1948 lehnte die CSU einen Zusammenschluss mit den übrigen Unions-parteien offiziell ab. Im Mai 1950 einigten sich die Landes-verbände der CDU auf die Gründung einer CDU-Bundes-partei ohne bayerische Beteiligung. Nach Einschätzung von Historikern war die Rivalität mehrerer Unions-Landesfürsten der Grund dafür, dass Konrad Adenauer keine bundesweite Parteiorganisation durchsetzen konnte. Wie heute poch-te die CSU auch damals auf eine eigenständige Vertretung bayerischer Interessen. Übrigens: Im Jahr 1976 kündigte die CSU mit ihrem legendären Trennungsbeschluss von Kreuth die Fraktionsgemeinschaft mit der CDU auf. Sie machte je-doch rasch wieder einen Rückzieher, als die CDU damit droh-te, dann halt einen eigenen bayerischen Landesverband zu gründen. »Der Geist von Kreuth« kommt seitdem immer wie-der mal aus der Flasche, wenn die CSU die Muskeln spielen lässt.

22 ZWEI FRÄNKISCHE LKW

ODER: *MIA SAN MIA SAN* DIE ANDEREN

Im Frühjahr hat sich Jochen längst in seiner neuen Heimat München eingelebt, in seinen neuen Job eingearbeitet und gemeinsam mit Magdalena die Hochzeit geplant, die bereits in einer Woche stattfinden wird. Vorher steht jedoch noch eins der wichtigsten gesellschaftlichen Ereignisse seines Lebens an: sein Junggesellenabschied.

Gunnar, sein bester Freund aus Wuppertal und künftiger Trauzeuge, hat das oberfränkische Bamberg zum Ort des Geschehens erkoren: Denn besondere Ereignisse erfordern seiner Ansicht nach auch eine besondere kulinarische Begleitung. Und da das Rauchbier aus der oberfränkischen Stadt der *Underground*-Hit im *Craftbeer*-Laden bei ihm um die Ecke ist, hat er Lust, einmal nachzusehen, woher das Bier stammt. Überhaupt gebe es keinen besseren Ort als Bamberg als Kulisse für einen Junggesellenabschied, denn Oberfranken habe die höchste Brauereidichte der Welt. Hier gebe es alles, von besagtem Rauchbier über Bockbier hin zu bayerischem Weißbier – außer Kölsch und Alt, aber das sei für ihn und die Freunde aus Wuppertal ja nichts Besonderes. Außerdem müsse sich Jochen in Bayern eh an ein Leben ohne die Hopfensäfte aus der Heimat gewöhnen.

Jochen ist einverstanden. In Nordbayern war er noch nie, so kann er es auch einmal kennenlernen. Zudem gilt Bamberg als schön und seine Freunde aus Wuppertal bräuchten rund zwei Stunden weniger für die Anreise ins nördliche Bayern, als wenn sie zu ihm nach München fahren müssten. Für ihn selbst ist Bamberg ebenfalls gut erreichbar. Und wenn er sich dort im Suff gründlich danebenbenehmen sollte, würde ihn außer seinen Freunden zumindest keine Menschenseele kennen.

Erst einmal aber strandet er in Nürnberg, da er den direkten Anschlusszug nach Bamberg verpasst. »Das ist gar nicht schlimm«, denkt er mit Blick auf den Fahrplan. Die Züge fahren häufig, und da seine Freunde ohnehin erst abends in Bamberg eintreffen, kann er ein bisschen durch Nürnberg spazieren und eine Kleinigkeit essen.

Jochen findet heraus, dass die Fußgängerzone nur einen Steinwurf vom Hauptbahnhof entfernt ist – und staunt schließlich über deren Weitläufigkeit. Im großzügig angelegten Zentrum der Frankenmetropole ist es weit weniger voll als in Münchens Kaufinger Straße, obwohl es ähnliche Geschäfte gibt – die Filialen großer Ketten genauso wie attraktive Einzelhandelsgeschäfte. Es macht Spaß, hier zu bummeln. Das hätte Jochen nicht erwartet. Um ehrlich zu sein, hat er Nürnberg bisher nur mit den Reichsparteitagen der NSDAP in Verbindung gebracht, was dem Städtchen mehr als 70 Jahre nach dem Ende des Zweiten Weltkrieges nicht gerecht wird.

Im südlichen Teil der Altstadt trifft er auf einen beeindruckenden gotischen Kirchenbau mit zwei Türmen, der wie ein Dom daherkommt. In das beeindruckend hohe Westportal sind zahllose Figuren gemeißelt. Sie zeigen unter anderem die Kreuzigung Jesu. Über dem prächtigen Tor ist eine steinerne Rosette in enormem Durchmesser angebracht. Beim Anblick dieses beeindruckenden Gotteshauses wird Jochen schwer ums Herz. Er weiß inzwischen, wie gerne Magdalena in einer Kirche heiraten würde. Doch Jochen ist weder getauft noch gläubig und würde sich beim Ja-Wort in einem Gotteshaus wie ein Schauspieler fühlen ... Dennoch ist es schade, dass er seiner Zukünftigen diesen Wunsch nicht erfüllen kann.

Eine gepflegte, ältere Dame reißt ihn aus seinen Gedanken. »Innen ist die Kirche noch atemberaubender«, erzählt sie ihm. »Der Engelsgruß von Veit Stoß, das Sakramentshaus von Adam Kraft, die faszinierenden Fenster ... Ich bin jeden Sonntag zum Gottesdienst hier, weil ich an Gott glaube – aber auch, weil ich die Kirche so schön finde.«

»Ihr Katholiken und eure verschwenderischen Bauten«, versucht Jochen zu witzeln. »Sie sind beeindruckend! Aber lenkt dieser Prunk nicht allzu sehr von den Gebeten und der Besinnung ab?«

»Wie kommen Sie darauf, dass hier Katholiken ein- und ausgehen?«, erwidert die Dame. »Also bitte, junger Mann, wir sind in Nürnberg ...«

»Oh, pardon, ich wollte Ihnen keinen Katholizismus vorwerfen, aber ...«, Jochen stottert ein bisschen. »Also ... Bisher bin ich davon ausgegangen, dass die prächtigen Kirchen in Bayern allesamt katholisch sind.« Und so recht kann er es auch jetzt noch nicht glauben, dass dieser mächtige Bau nicht genauso katholisch sein soll wie der Dom in Regensburg, der Dom in Köln und die Frauenkirche in München. Die evangelischen Kirchen, die er bisher gesehen hat, hätten rein ästhetisch gesehen auch zu Gotteshäusern umfunktionierte Turnhallen sein können, so minimalistisch, wie sie eingerichtet waren.

»Da sind Sie aber nicht gut informiert«, erwidert die Dame und rümpft ihre fein gepuderte Nase. »Die Lorenzkirche ist neben der Sebalduskirche die wichtigste Kirche der Stadt – und seit der Reformation fest in evangelisch-lutherischen Händen. Sie ist Sitz des Nürnberger Stadtdekans und in ihr findet traditionell die Einführung des neugewählten Landesbischofs statt. Auch Heinrich Bedford-Strohm hat hier sein Amt angetreten.«

»Entschuldigen Sie«, sagt Jochen. »Ich dachte nur, dieser aufwändige Bau ... Das wirkt so katholisch auf mich.«

»Da liegen Sie wiederum gar nicht so verkehrt«, sagt die Dame etwas versöhnlicher. »Viele ehemals katholische Kirchen fielen dem reformatorischen Bildersturm zum Opfer.

Die Lorenzkirche wurde davon verschont. So sind glücklicherweise ihre Kunstwerke und Altäre erhalten geblieben. Aber das ist eine Äußerlichkeit. Nürnberg ist protestantisch, die ganze Region wurde stark von Martin Luther beeinflusst. Das sollten Sie wirklich wissen.«

»Entschuldigen Sie nochmals«, sagt Jochen, »und danke für die Information.« Einen Religionsstreit will er, der sich mehr für Kirchenschätze als für Kirchenlehre interessiert, nun wirklich nicht vom Zaun brechen. Schon gar nicht mit hungrigem Magen. »Da habe ich was gelernt.« In Gedanken zitiert er mit Lothar Matthäus einen der berühmtesten Franken: »*Again what learned.*«

»Tschüss, junger Mann«, verabschiedet sich die Dame und auch dieser Gruß kommt Jochen nicht gerade bairisch-katholisch vor.

ALLE JAHRE WIEDER IN NÜRNBERG

Wenn fernöstliche Gewürze auf fränkische Backkunst treffen und als Nürnberger Lebkuchen angeboten werden und wenn ein blond gelocktes Mädchen im goldenen Gewand zur wichtigsten Repräsentantin der Stadt wird – dann ist wieder Christkindlesmarkt in Nürnberg. Er ist einer der ältesten und sicher einer der berühmtesten Weihnachtsmärkte der Welt. Traditionell beginnt er am Freitag vor dem ersten Advent nach einem feierlichen Prolog des Nürnberger Christkinds von der Empore der Frauenkirche herab. Alt und Jung heißt das bekrönte Mädchen im »Städtlein aus Holz und Tuch« willkommen, das sich zwei Millionen Besucher pro Jahr ansehen. An knapp 200 Buden erwartet die Gäste ein buntes Angebot an Krippen und oft handgemachtem Christbaumschmuck, Lebkuchen und Spekulatius, dampfendem Glühwein, Bratwürsten und Spielzeug. Manche sind überzeugt, dass der Markt in über 400 Jahren nichts von seiner magischen Anziehungskraft verloren habe; anderen ist er schlicht zu voll. In jedem Fall aber ist er an Heiligabend, dem 24. Dezember, wieder vorbei – dann, wenn das echte Christkind kommt ...

Wenig später entdeckt er eine Metzgerei mit Straßenverkauf. Zwei Leberkässemmeln sollen es jetzt für ihn sein – ein Snack, den er in München liebgewonnen hat. Neben Zuckerwatte gibt es sicher nur weniges, was ungesünder ist, aber so ein Brötchen mit Fleischkäse ist einfach ein Hochgenuss. Jochen stellt sich in die Schlange.

Als der Mann vor ihm »Drei im *Weggla*« bestellt, muss Jochen schmunzeln. Was soll das denn sein? Er erwartet eine fränkische Spezialkreation – aber dann reicht der Verkäufer dem Mann lediglich ein aufgeschnittenes Brötchen mit drei Bratwürsten darin. Der Mann beißt sofort ins Brötchen, doch die Würste scheinen zu heiß zu sein. Voller Schreck lässt er seinen Imbiss auf den Boden fallen. »*Allmächd!*«, flucht er, hebt die Semmel wieder auf und zieht von dannen.

Jochen ist an der Reihe und bestellt: »Zwei Leberkässemmeln, bitte.«

»Leberkässemmeln haben wir nicht, aber zwei Lkw kannst du haben«, erwidert der Verkäufer und schneidet zwei Scheiben vom Fleischkäse ab, um sie in zwei aufgeschnittene Brötchen zu packen. Dann fragt er lachend: »Magst du deine Lkw mit ABS?«

Als Jochen unwissend dreinblickt, erklärt der Verkäufer: »Mit *a bisserl* Senf?«

»Nein, danke«, sagt Jochen konsterniert. »Und eins versteh ich nicht: Warum sagen Sie, Sie hätten keine Leberkässemmeln? Sie haben Leberkäs, Sie haben Semmeln, wie Ihr Bayern so schön zu Brötchen sagt. Was wollen Sie mir eigentlich mitteilen?«

»Wir haben *Weggla*, keine Semmeln«, klärt der Verkäufer ihn auf. »Und darf ich dir ein Geheimnis verraten? Du bist nicht in Bayern, du bist in Franken. Und wenn ich dir noch einen Tipp geben darf: Behaupte hier nie wieder etwas anderes, sonst machst du dich nicht sehr beliebt bei uns.« Jochen wendet sich genervt ab, bekommt aber noch mit, wie eine junge Frau hinter ihm »Sex auf Kraut« bestellt. Als er sieht, dass sie dafür sechs Bratwürste bekommt, hat er auch das verstanden.

Obacht, neidabbt!

Da hat sich Jochen mühevoll an die Münchner und altbayerischen Gepflogenheiten des Alltagslebens gewöhnt – und dann soll hier, rund 170 Kilometer nördlich der Landeshauptstadt, wieder alles anders sein? Obwohl er sich immer noch innerhalb der Grenzen des Freistaats befindet? Sogar die Zugehörigkeit zu Bayern scheinen die Nürnberger zu leugnen. Ja gibt's denn so was?

Beinahe zweifelt Jochen während seiner Stippvisite in Nürnberg an seinen geografischen und politischen Kenntnissen und hält es kurzfristig sogar für möglich, weit außerhalb Bayerns gelandet zu sein. Immerhin gibt es in Nürnberg weder Semmeln noch Katholiken. Statt »Himmelherrgott, Sakrament« lassen die Franken beim Fluchen ein aufgescheuchtes »*Allmächd!*« vom Stapel, und im Restaurant wird statt »Semmelknödel mit Rahmschwammerl« offenbar »Kloß mit Soß« angeboten, wie er auf einer Werbetafel lesen konnte. Die Franken klingen auch anders als die Bayern, die er kennt, und ihnen kommt mit Leichtigkeit ein »Tschüss!« über die Lippen. Das hätte es in Bayern nicht so leicht gegeben, also in dem Bayern, das er bisher kannte. Verrückt.

VON *HADDEM* UND WEICHEM B

In Franken hat sich fast jeder Ort seinen eigenen Dialekt geschmiedet. Die Einheimischen hören die feinen Unterschiede heraus, auch wenn Nordlichter die Dialekte allesamt fatalerweise für Bairisch halten könnten. Bei genauem Hinhören dürften die Verschiedenheiten jedoch offensichtlich sein. Die Gemeinsamkeit der fränkischen Mundarten ist, was Sprachwissenschaftler »binnendeutsche Konsonantenschwächung« nennen. »P«, »T« und »K« klingen aus den Mündern der Franken wie »B«, »D« und »G«. Der Thomas wird in Bamberg, Nürnberg und Kulmbach zum *Domas*, im *Dadord* gibt's *Dode*, und an der Drogeriekasse wird frau schon mal gefragt, ob sie »*a weng a Düdla*« braucht – eine kleine Tüte – und *Bäybäg-Bungde* sammelt – Payback-Punkte. Um eventuelle Missverständnisse aufzuklären, wird das B als »weiches B«, das P als »haddes B«, das »D« als »weiches D« und das T als »haddes D« bezeichnet. Ach ja, das »G« verwandelt sich in Franken ebenfalls manchmal. Zu Nürnberg sagen die Franken *Nämberch*. Würzburg klingt im Munde der Dialektsprecher wie *Wörzburch* und Bamberg ist *Bamberch*.

Um das auf den ersten Blick merkwürdige Verhalten der Menschen in Nürnberg besser zu verstehen, muss Jochen wissen, dass sich die Franken in keiner Weise mit dem weißblauen Bilderbuchbayern identifizieren und leidenschaftlich dafür eintreten, ihre eigenen Traditionen nicht zu verlieren. *»Mia san mia san* die anderen«, heißt es daher oft. Es gibt sogar Initiativen, die dafür eintreten, Franken zum eigenständigen Bundesland zu machen. »Frei statt Bayern«, fordern deren Anhänger. Franken als Bayern zu bezeichnen – das ist jedenfalls ein Fehltritt, der in Nürnberg, Bayreuth und Würzburg zwar keine konkrete Strafe, aber tiefste Antipathie zur Folge haben kann. Andersherum werden auch Oberbayern und Schwaben nicht warm mit den Franken, die sich aus ihrer Sicht mit ihrer dauernden Unzufriedenheit und der Abwehrhaltung gegenüber dem Gesamtprojekt Bayern aus Neid auf Münchens Erfolge wie beleidigte Bratwürste verhalten.

Um diese teils erheblichen Ressentiments nachzuvollziehen, hilft ein Blick zurück ins frühe 19. Jahrhundert. Damals verleibte sich das Königreich Bayern die fränkischen Gebiete ein, was viele Franken bis heute offenbar nicht verkraftet haben. Aber auch die, denen die Ereignisse von damals gar nicht geläufig sind, finden heute genügend Gründe, die lederbehosten Schnösel aus München deppert zu finden – etwa, weil sie der Meinung sind, dass viele Gelder aus Franken in die Landeshauptstadt fließen, aber nur spärlich wieder zurück. Oder weil sie seit Ewigkeiten vergeblich die Rückkehr der Heinrichskrone aus München nach Bamberg fordern, in die Nähe des Grabes des dortigen Bistumsheiligen. Und nicht einmal als Leihgabe rückten die Münchner ein Selbstbildnis des Nürnberger Malers Albrecht Dürer für eine Sonderausstellung des renommierten Germanischen Nationalmuseums in Nürnberg heraus ...

Dass die Franken ihre Eigenheiten, vor allem ihre unbayerischen, gerne pflegen, wird vor diesem Hintergrund verständlich. Eine aus altbayerischer Sicht große Kuriosität ist sicherlich der protestantische Glaube vieler Franken. Ein Schelm, wer denkt, dass Bayerns Ministerpräsident Markus Söder, ein Nürnberger Protestant, während des Landtagswahlkampfs im Sommer 2018 im katholischen Marienwallfahrtsort Maria Vesperbild aus wahltaktischen Gründen vor Fotografen posierte. Doch es wäre nachvollziehbar: Immerhin liegt das statistische Übergewicht im Freistaat eindeutig bei den Katholiken: 55 Prozent der Bayern gehören der katholischen Kirche an und nur 21 Prozent der evangelischen.

Ansonsten machen die Franken eher keine faulen Kompromisse. Das Essen ist und heißt anders. Statt Schweinsbraten wird *Schäuferle* oder *Schäufala*, Schweineschulter, serviert, statt Knödeln Klöße. »Drei im *Weggla*« ist ein Klassiker. Wer die Wurst in einer Semmel haben mag, muss sie in Altbayern bestellen. Vom *Weggla* leitet sich übrigens auch die lustige Abkürzung für das Leberkäsbrötchen ab, den Lkw, der in Franken ein *Leberkäsweggla* ist.

Auch wenn aus fränkischer Sicht die Förderung Frankens stets vernachlässigt wird, wird die Region politisch nicht ausgeklammert. So sind unter Protest der Mitarbeiter das bayerische Heimats- sowie das Gesundheitsministerium von München nach Nürnberg gezogen. Und – was emotional gesehen vielleicht noch wichtiger ist: 2014 hat Franken seinen eigenen Tatort bekommen, den die Einheimischen *Dadord* nennen. Das war ein kultureller Erfolg, für den jahrelang gekämpft wurde. Im Jahr 2003 hatte es nämlich mit Wolfgang Hackl einen piefigen fränkischen Aushilfskollegen für die Münchner Kommissare Ivo Batic und Franz Leitmayr gegeben, über den auch Markus Söder so entsetzt war, dass er vom Bayerischen Rundfunk eine »Wiedergutmachung an Franken« gefordert hatte. Die Überzeichnung des fränkischen Kommissars sei zeitweise unerträglich gewesen, hatte der CSU-Politiker kritisiert.

UNTERWEGS AUF DER DEUTSCHEN SPIELZEUGSTRASSE

Quer durch Franken verläuft nicht nur der sogenannte Frankenschnellweg, wie der fränkische Teil der Bundesautobahn 73 gerne genannt wird – vermutlich ironischerweise, denn der Begriff Frankenschleichweg würde der Geschwindigkeit, die Autofahrern hier möglich ist, eher entsprechen. Nein, durch Franken und auch durchs angrenzende Thüringen verläuft auch die Deutsche Spielzeugstraße, eine insgesamt 300 Kilometer lange Ferienstraße. Sie verbindet Orte und Landschaften, in denen Attraktionen, Institutionen und Unternehmen angesiedelt sind, die sich allesamt mit Spielzeug beschäftigen. Die Strecke reicht vom Playmobil Funpark in Zirndorf über Simba Dickie in Fürth bis zur Hummel Manufaktur in Rödental und weiter zu Thüringens Attraktionen. All das hat Tradition, da in der Gegend schon seit Jahrhunderten Spielwaren für den Weltmarkt hergestellt werden. Dass die weltgrößte Spielwarenmesse jährlich in Nürnberg stattfindet, liegt an dieser langen, verspielten Geschichte. Schon im Mittelalter war die Frankenmetropole für ihre Spielwaren berühmt. Der älteste Beleg für die Spielzeugproduktion in Nürnberg ist eine bei Grabungen entdeckte Tonpuppe aus dem 14. Jahrhundert.

23 KELLER MIT AUSSICHT

BAMBERGS BESTE LAGE

»Erst Bier oder erst Dom?«, fragt Jochen am nächsten Vormittag beim üppigen Frühstück im Bamberger Welcome-Hotel. Leider kamen seine Freunde Gunnar, Thomas und Alexander gestern Abend mit erheblicher Verspätung in der fränkischen Domstadt an, sodass sie außer einem Absacker in einer Bar gleich neben dem Hotel nichts mehr unternehmen konnten. Umso ausgeruhter aber werden sie heute Jochens »letzte Tage in Freiheit« feiern, wie Gunnar es nennt. »Ich habe mir eine Route durch Bamberg überlegt. Im Laufe des Tages holen wir uns noch Tipps von Einheimischen fürs Abendessen und den gepflegten Absturz danach«, sagt er. »Erst einmal betrachten wir, noch nüchtern, das sehr sehenswerte Alte Rathaus, dann machen wir einen Schlenker zum ... Ach, lasst euch überraschen. Auf geht's!«

Mit diesen Worten wirft er seinen Freunden T-Shirts zu, auf denen der Schriftzug »Das Wars« prangt, im Stil der *Star Wars*-Kinoplakate. Als Untertitel steht darauf: »Er heiratet. Möge die Macht mit ihm sein.« Jochen hatte bislang nicht im Traum daran gedacht, einmal jenseits von Ballermann oder Oktoberfest mit solch einem Proleten-T-Shirt herumzuziehen, aber das schuldet er seinen Freunden wohl. Nach ein paar Bieren wird er sich sicher wohler in der heutigen Uniform fühlen ...

Gut gelaunt marschieren die Freunde in Richtung des Bamberger Zentrums, einen hübschen Weg am Ufer der Regnitz entlang. »Schön hier«, denkt Jochen. Es wird sogar noch schöner, je näher sie der Altstadt kommen. Pittoreske, teilweise etwas schiefe mittelalterliche Fachwerkhäuschen reihen sich hier direkt am Fluss aneinander. Kähne dümpeln an den Anlegestellen der Vorgärten. Die Freunde zücken ihre Handykameras und machen Fotos dieser zauberhaften Häuserzeile. »Das Gebiet heißt Klein Venedig«, erklärt Gunnar, der sich als einziger auf den Tag in der Stadt vorbereitet hat. »Überhaupt ist Bambergs Altstadt der größte unversehrt erhaltene historische Stadtkern in Deutschland.«

Gunnar weiß noch mehr. Gegenüber von Klein Venedig, auf der anderen Flussseite, liegt mitten im sogenannten Sandgebiet im Herzen der historischen Altstadt ein Gefängnis – also in Bamberger Bestlage. Gunnar hat in einem Zeitungsbericht gelesen, dass der Knast verlegt werden soll, um die historischen Gebäude anders zu nutzen. Obwohl man vermuten würde, dass sich die Anwohner freuen, in absehbarer Zeit die Häftlinge los zu sein, ist das Gegenteil der Fall: Sie laufen Sturm, weil sie sich keine besseren Nachbarn als die Gefangenen vorstellen können, denn diese sitzen ruhig in ihren stillen Kämmerlein, feiern keine Partys, grillen nicht ...

Durch die Gassen schlängeln sich die Freunde weiter bis zu einer Brücke mit hervorragendem Blick auf das Alte Rathaus. Das Gebäude ist beeindruckend: Es steht mitten auf dem Fluss und scheint ihn sogar zu spalten. Zwei Brücken führen zu dem Bau, der auch architektonisch umwerfend ist. Die Fassade ist mit plastisch wirkenden Fresken bemalt und an den Rathausturm scheint ein Fachwerkhaus geklebt zu sein, das über dem Fluss zu schweben scheint. Wunderschön sieht das aus. »Aber warum ist das Rathaus ins Wasser gebaut worden?«, fragt Jochen.

Gunnar weiß es. »Der Sage nach wollte ein früherer Bamberger Bischof den Bürgern keinen Platz für den Bau des Rathauses gewähren. Die schlauen und handwerklich begabten Bamberger ließen sich das nicht bieten und rammten Pfähle in die Regnitz, auf denen sie eine Insel schufen. Darauf errichteten sie das Gebäude.« Als Gunnar erwähnt, dass man in dem bizarren wie romantischen Rathaus auch heiraten könnte, wünscht sich Jochen, er würde in Bamberg keinen Junggesellenabschied feiern, sondern seine Hochzeit.

Doch für solche Sentimentalitäten ist heute nicht der richtige Tag: »Das Kulturprogramm ist vorerst beendet«, verkündet Gunnar. »Jetzt wird es ernst. Der nächste Stopp heißt Schlenkerla!«

Die Freunde gehen ein paar Ecken weiter und landen schließlich im Sandgebiet unweit des Gefängnisses mit seinen kleinen Souvenirläden und einigen Gasthäusern. Schließlich stehen sie in der Dominikanerstraße vor einem prächtigen Fachwerkhaus, dessen obere Stockwerke mit Kästen voller üppig blühender Geranien verziert sind. Vor der berühmten Brauereigaststätte Schlenkerla stehen Touristen wie Einheimische mit einem Bierkrug in der Hand und lassen es sich schmecken.

»Warum gehen Sie nicht hinein?«, fragt Jochen einen Mann.

»Ach, hier draußen ist es viel entspannter«, erwidert dieser und ignoriert – tatsächlich tiefenentspannt – einen Radfahrer, der versucht, die Biertrinker aus dem Weg zu klingeln. »Das macht man hier halt so.«

»Kommt Jungs, wir trinken auch hier draußen«, beschließt Gunnar daraufhin. »Ist doch cool. So kriegen wir noch mehr von der Umgebung mit.«

Alexander holt Rauchbier für alle. »Prost, meine Besten«, sagt er feierlich und stößt zuerst mit Jochen, dann mit den anderen an.

Dann nehmen sie einen tiefen Schluck aus dem Bierkrug. Für Jochen ist es die erste Begegnung mit Rauchbier. Er erinnert sich an den witzigen Roman *Resturlaub* von Tommy Jaud, der unter anderem in Bamberg spielt. Jaud hatte darin geschrieben, das *Aecht Schlenkerla Rauchbier* schmecke so, als wären ein Schinken und eine

Tüte Barbecue-Chips hineingefallen. Jochen gibt dem Autor recht.

»Wenn das Bier an Schinken erinnert, bekommt der Spruch ›Vier Bier sind auch ein Schnitzel‹ eine ganz neue Bedeutung«, witzelt er.

»Und wie ist es mit Vegetariern? Nehmen die Rauchbier als Fleischersatz?«, fragt Alexander und lacht.

Der Mann, der neben ihnen sein Bier trinkt, schaltet sich ein. »Vegetarier in Franken? Die haben's ganz schwer. Das Vegetarischste, was du hier in vielen Gasthäusern bekommst, ist ein Zahnstocher mit Senf. Und mit viel Glück ein Beilagensalat, wenn du dir den Speck wegdenkst.«

»Au weia«, sagt Jochen. »Da halten wir uns besser an das Grundnahrungsmittel Nummer eins. Prost noch mal!«

Als sie die Krüge geleert haben, fordert der Mann sie auf, gleich noch eins zu holen. »Der Kenner weiß nämlich, dass das zweite *Seidla*, wie der halbe Liter in Bamberg heißt, besser als das erste schmeckt und das dritte besser als das zweite ...«, sagt er.

DIE SANDKERWA, DAS VOLKSFEST DER BAMBERGER

Mit der *Sandkerwa* feiert Bamberg jedes Jahr im August eines der berühmtesten Volksfeste Bayerns. Etwa 300.000 Besucher zieht es an den fünf Tagen von Donnerstag bis Montag um das vorletzte Augustwochenende herum in die historische Altstadt, wo die Wirte in Buden und Ständen Biere aus der Region und köstliche Schmankerl anbieten.

Ursprünglich war die *Sandkerwa* (»Sandkirchweih«) die Kirchweihfeier der Elisabethenkirche im Sandgebiet, doch inzwischen schätzen Besucher aus ganz Deutschland das Ambiente des Fests in den malerischen Gassen. Ein Höhepunkt in diesen Tagen ist das berühmte Fischerstechen der Bamberger Schiffer- und Fischerzunft vor der Kulisse Klein Venedigs, des früheren Fischerviertels an der Regnitz. Bereits im 15. Jahrhundert diente dieses dem Amüsement des Fürstbischofs und der Bevölkerung. Zwei Mannschaften treten dabei auf Booten gegeneinander an. Ziel ist es, die Mitglieder des anderen Teams mit einem Speer vom Boot ins Wasser zu stoßen.

Nach dem zweiten *Seidla* aber reihen sich die vier Freunde in den Strom der Tagestouristen ein und marschieren schweigend den Domberg hinauf. Dessen Steigung hat es in sich. Oben angekommen, schweigen die Freunde weiter, denn der mächtige romanisch-gotische Bau mit seinen vier Türmen beeindruckt sie sehr.

»Jetzt machen wir uns aber auf die Suche nach dem mysteriösen Bamberger Reiter«, sagt Gunnar. »Er ist eine Art Popstar unter den gotischen Statuen.« Die Freunde steigen die Stufen zum Dom empor. Drinnen geht es nach ein paar Metern vom Seiten- ins Mittelschiff des Gotteshauses. Über die Kirchenbänke können sie den Altar sehen – und dahinter einen prächtigen Bischofsstuhl, wie Gunnar den Freunden zuflüstert. Und weiter: »Hinter dem Bischofsstuhl steht der Sarg von Papst Clemens II. Das ist der einzige Papst, der nördlich der Alpen beerdigt ist.«

Nach ein paar Schritten in Richtung der Kirchenbänke sehen sie ihn hinter sich: den Bamberger Reiter. Hoch über ihnen ist er an einem Pfeiler angebracht und scheint in die Ferne zu blicken. Spektakulär unspektakulär sitzt er auf seinem Pferd.

»Warum genau ist er gleich wieder so berühmt?«, fragt Jochen.

»Es handelt sich beim Bamberger Reiter um das erste lebensgroße Reiterstandbild seit der Antike«, doziert Gunnar. »Er ist bereits seit dem Mittelalter im Bamberger Dom, doch die Kunstgeschichte weiß recht wenig über ihn. Ist er der ungarische König Stephan, ein Kaiser oder gar eine Darstellung Jesu? Manche vermuten auch, es könne sich um einen der Heiligen Drei Könige handeln. Gerade, weil er so geheimnisvoll ist, wollen ihn Touristen aus aller Welt sehen.«

Ein paar Schritte weiter stoßen die Freunde auf einen voluminösen Sarg. »Hier sind zwei sehr bekannte Menschen begraben: Das Kaiserpaar Heinrich und Kunigunde, zwei Heilige, die zu ihren Lebzeiten um das Jahr 1000 herum Lichtgestalten wie heute Barack und Michelle Obama gewesen sein dürften«, flüstert Gunnar ehrfürchtig. »Heinrich hat den Grundstein des Doms gelegt.« Dann entschuldigt er sich bei seinen Freunden, weil er ihnen so viel Kultur zumutet. »Aber wenn wir schon mal hier sind ...«

Sie gehen wieder hinab ins Sandgebiet und fragen, wieder vor dem Schlenkerla, eine Gruppe Einheimischer nach einer Empfehlung zum Abendessen – und zum Trinken.

»Zum Klosterbräu ist es nicht weit, das ist im Mühlenviertel da vorne«, sagt ein jüngerer Herr in Jack-Wolfskin-Kapuzenjacke und deutet vage gen Süden. Außerdem sei es ein für Bamberg historischer Ort, die älteste Brauerei der Stadt. Seit dem 16. Jahrhundert werden dort, im ehemaligen Fürstbischöflichen Braunbierhaus, handwerklich gebraute Biere hergestellt. Bis 1790 gehörte das Bierhaus sogar den jeweiligen Bamberger Fürstbischöfen. »Und zu essen kriegt ihr dort beste fränkische Spezialitäten wie Bratwürste, Klöße, *Schäufala*. Ihr findet bestimmt was!«

»Danke, das klingt hervorragend«, bedankt sich Jochen.

»Danach müsst ihr aber noch auf einen Keller!«, ergänzt der Einheimische. »Wenn ihr schon mal in Bamberg seid, gehört das zum Pflichtprogramm! Ich empfehle den Spezi-Keller auf dem Stephansberg. Von dort habt ihr einen wunderbaren Ausblick!«

»Einen Ausblick von einem Keller, der noch dazu auf einem Berg liegt?«, fragt Jochen. »Also entweder bin ich jetzt betrunken oder du bist es. Aber vielen Dank für den Tipp mit dem Klosterbräu. Bambergs Katakomben zu besichtigen, haben wir bei diesem schönen Wetter allerdings nicht geplant.«

»Du wirst es bereuen, wenn ihr nicht auf einen Keller geht«, sagt der Bamberger verärgert. »Aber macht doch, was ihr wollt.« Und damit wendet er den Junggesellen den Rücken zu.

Obacht, neidabbt!

Eine freundliche Empfehlung und ein Missverständnis haben in diesem Fall schon ausgereicht, um die Stimmung zwischen den Junggesellen und den Einheimischen in einer Stadt mit 77.000 Einwohnern zu vermiesen, die unter der Last der Touristen ächzt. In den kleinen Gässchen Bambergs halten sich nach Ansicht vieler Bürger zu viele Tagesgäste auf. Oft handelt es sich bei ihnen um Teilnehmer von Flusskreuzfahrten, die wenig Geld und viel Müll in Bamberg hinterlassen und es nicht einmal auf einen der berühmten Keller der Stadt schaffen. Die Keller sind tatsächlich eine Besonderheit in und um Bamberg, Forchheim und Erlangen – und nein, um sie zu entdecken, muss sich niemand in die ebenfalls sehenswerten Katakomben Bambergs begeben: Denn die Biergärten in dieser Region werden Keller genannt. Einheimische und Touristen trinken dort ihr Feierabend- und Wochenendbier und genießen dazu eine Brotzeit wie *Ziebeleskäs*, einen mit Salz, Pfeffer, Zwiebeln und frischem Schnittlauch angemachten Quark, *Gerupftem*, wie angemachter Camembert hier heißt, und Brot. Tatsächlich liegen die Keller oft auf einem Hügel oder einem Berg. Warum sie dennoch Keller heißen? Das ist beinahe logisch: Unter den Biergärten befinden sich tatsächlich Keller, in denen Bier gelagert wird. Das war vor der Erfindung von Kühlanlagen essenziell. In Bamberg, einer Stadt mit sieben Hügeln, und der ebenfalls hügeligen Fränkischen Schweiz mussten die Brauer nicht wie etwa die Münchner mühevoll in den Boden buddeln, um ein paar Gewölbe fürs Bier zu schaffen. Sie konnten die Stollen beinahe waagrecht in den weichen und gut zu bearbeitenden Sandstein treiben, mit dem das Frankenland teilweise gesegnet ist. Daher liegen die Bierkeller hier häufig auf Hügeln und Höhlen. Im Winter wurden sie oft mit Eisblöcken gefüllt. Das hielt die Temperatur der Biere bis in den Spätsommer hinein konstant niedrig. Und tatsächlich wurde das Bier exakt auf diesen Kellern frisch gezapft ausgeschenkt. Daher gehen die Franken zum Trinken leibhaftig »auf den Keller«. Ihre Brotzeit dürfen sie in der Regel mitbringen – oder sie kaufen sich eine Kleinigkeit beim Wirt. Wie im Biergarten sitzen die Franken dort oft unter hohen Bäumen und lassen den Herrgott einen guten Mann sein.

In Bamberg ist der Spezi-Keller in der Sternwartstraße 8 ein Hotspot der Bierkellerszene. Eigentlich heißt er Spezial-Keller. Auch hier wird unter anderem bernsteinfarbenes Rauchbier ausgeschenkt – keins von Schlenkerla, sondern von der ebenfalls geschichtsträchtigen Brauerei Spezial. Allein wegen des Ausblicks auf den Dom und die Stadt ist der Besuch des Kellers äußerst lohnend. Als Freiluftwohnzimmer vieler Einheimischer gilt der »Wilde Rose«-Keller am Oberen Stephansberg 49, der eine herrliche Idylle unter schattenspendenden Kastanienbäumen bietet. Mit Kindern lohnt es sich, zum Schmausenkeller nach Reundorf zu fahren. Dort sorgt ein Abenteuerspielplatz, der teilweise in einen Wald gebaut ist, für Riesenspaß.

Dass Bierkeller in der Bamberger Gegend eine solche Tradition haben, liegt auch daran, dass es hier die größte Brauereiendichte auf der ganzen Welt gibt – und irgendwo müssen die Brauer ja ihr flüssiges Gold ausschenken. Rund 70 Brauereien produzieren allein in der Domstadt und dem nahen Umland über 400 verschiedene Sorten Bier: leichte und starke, helle und dunkle, hopfig-herbe und rauchig-malzige und natürlich das Rauchbier, wie das der Brauereien Schlenkerla und Spezial. Früher war das Rauchbier übrigens keine Bamberg-typische Spezialität, früher zählten viele Biere zu den Rauchbieren, da die Brauer das Malz über offenen Holzfeuern trocknen mussten.

Heute ist das fränkische Rauchbier zwar in Deutschland einzigartig, weltweit aber existieren einige wenige Nachahmer: So gibt es etwa in den USA Rauchbierbrauereien, genau wie in Australien, Argentinien und Japan ... Doch das ist alles nur Schall und Rauch, verglichen mit Bambergs Delikatesse.

DAS SAMS ALS BERÜHMTER SOHN DER STADT

Einer der berühmtesten Söhne der Stadt ist das Sams. Es ist eine Kinderbuchfigur des Bamberger Autors Paul Maar, ein kindliches Wesen mit Rüsselnase, roten Borstenhaaren und einem runden Bauch. Meistens trägt es einen Taucheranzug. Das vielleicht ungewöhnlichste Merkmal aber sind die blauen Punkte im Gesicht. Mit jedem dieser Punkte kann sich »Papa« Herr Taschenbier etwas wünschen. Zuletzt erschien als Buch *Das Sams feiert Weihnachten* im Oetinger Verlag. Drei der Sams-Kinofilme wurden in Bamberg gedreht. Gelegentlich gibt es Führungen zu den Drehorten. Dem Sams können seine Fans gefühlt auch persönlich begegnen: Auf der Bamberger Erba-Insel wurden im Rahmen der Landesgartenschau im Jahr 2012 herrliche Abenteuerspielplätze angelegt, auf denen Sams-Skulpturen zu finden sind. Paul Maar, der noch viele andere Kinderbücher geschrieben hat, erwiderte einmal auf die Frage, ob es ihm lästig sei, vor allem als Sams-Autor bekannt zu sein: »Wenn ich als der Sams-Autor vorgestellt werde, sage ich manchmal: ›Entschuldigung, ich habe auch 50 andere Bücher geschrieben, die mir genauso lieb sind.‹ Aber ich will mich nicht beschweren. Das Sams sichert meinen Lebens-unterhalt, sodass ich mir keine finanziellen Sorgen machen muss. Aber natürlich bedauere ich auch, dass die anderen Bücher etwas zu kurz kommen.«

DER OCHSENKOPF LÄDT EIN

Tagestouristen lieben Bamberg. Die Bamberger wieder-um lieben ihre Tagestrips in die nähere Umgebung, etwa in die Fränkische Schweiz mit ihren Tropfsteinhöhlen oder ins Fichtelgebirge. Letzteres ist nicht so majestätisch-an-geberisch wie die Alpen, die Seen der Gegend sind nicht meeresähnlich groß und mächtig. Und doch: Alles ist wun-derbar verwunschen hier, zauberhaft schön. Das Fichtelge-birge dürfte eine der am meisten unterschätzten Urlaubs-regionen des Landes sein. Hier lässt es sich wunderbar entspannen – oder beim Sport anstrengen. Besonders be-liebt ist der Ochsenkopf, der mit 1.024 Metern zweithöchs-te Berg Frankens. Im Sommer lädt er zu Wandertouren ein. Wer gern mit Stöcken loszieht, findet in der Gegend das mit 500 Kilometer Länge größte Wegenetz für Nordic Walking in ganz Deutschland. Im Winter wiederum freuen sich die Franken über Pisten am Ochsenkopf und an benachbar-ten Hängen. Die Wahrscheinlichkeit, dass Schnee liegt, ist hoch: Bis zu 100 Skitage gibt es hier pro Jahr. Ein Hinweis darauf findet sich übrigens nicht nur im Wetterbericht, son-dern auch am Nürnberger Hauptbahnhof. Dort wird die sogenannte Ochsenkopf-Winterflagge gehisst, sobald der Berg beschneit ist. Das ist seit 1908 so. Damals wurde die

Flagge aufgehängt, damit die Skifahrer wussten, ob sich die Fahrt im Skizug ins Fichtelgebirge lohnt. Die Flagge hat die Zeit überdauert, der Skizug jedoch leider nicht – auch wenn es immer wieder Initiativen gibt, eine Direktverbindung von Nürnberg zum Ochsenkopf zu schaffen.

24 FLASCHEN ZUM KUGELN

WEIN(FRANKEN) AUF BIER, DAS RAT ICH DIR

Nach der Einkehr im Klosterbräu ist für die Freunde klar, dass sie tatsächlich noch zum – jedenfalls in Bamberg – weltberühmten Spezi-Keller spazieren wollen. Nicht weit soll der Weg dorthin sein, sagt die Bedienung – aber steil. Das kann die Freunde nicht abhalten. Bei einem Junggesellenabschied ist ohnehin der Weg das Ziel. Sie schlendern zunächst noch durch die malerischen Gässchen der Bamberger Altstadt, bevor es den Stephansberg hinaufgeht. Ein Stück weit oben entdecken sie das Wirtshaus Stöhren-keller – und weil sie sich inzwischen eine Pause verdient haben, genehmigen sie sich hier ein »Zwischen-Bier«, wie Alexander es nennt. Am Nebentisch sitzt eine Gruppe, die gerade an einer Volkshochschulführung durch die ver-zweigten Tunnelanlagen tief unter dem Stephansberg teil-genommen hat. Unweit des Stöhrenkellers, erzählen die Tischnachbarn, gehe es hinter einer Stahltür direkt hinab in Bambergs Katakomben, in denen im Mittelalter Quarzsand gewonnen, später Biere gekühlt und schließlich im Zweiten Weltkrieg Waffen produziert wurden. »Dieses Programm machen wir bei unserem nächsten Bamberg-Besuch auch mit«, sagt Gunnar. »Aber heute wollen wir nicht in, son-dern auf den Keller.« Sie zahlen und gehen weiter den Berg hinauf, bis sie eine Wiese erreichen, an der entlang es nur noch ein kurzes Stück bis zum Spezi-Keller ist.

Sie haben Glück. Just in dem Moment, in dem sie ankom-men, steht eine Gesellschaft von einem Tisch mit bester Aus-sicht auf Bamberg auf. Die Freunde setzen sich und genießen den Blick. Rechts vor sich schauen sie auf die Stephanskirche hinab, daneben sehen sie die Obere Pfarre, den Dom und schließlich St. Michael. Jochen freut es, dass Gunnar sich ein wenig über Bamberg informiert hat. Es wäre ein Jammer, die Bilderbuchstadt ausschließlich unwissend und biertrinkend zu besuchen. Sie bestellen eine Runde Rauchbier. Als es vor ihnen steht, rufen die Männer vom Nebentisch: »Auf euer Wohl!« Und einer fragt: »Junggesellenabschied oder *Bruns-bier*?«

»*Brunsbier*, was soll das denn sein?«, fragt Alexander.

»Ihr seid nicht von hier, oder?«, erwidert der Tischnachbar. »Ein *Brunsbier* trinken die Männer, wenn ein Baby geboren wurde. ›*Mir lossn des Kindla brunsen*‹, sagen wir. Das heißt, wir helfen dem Neugeborenen durch den Genuss der Getränke symbolisch beim Wasserlassen, damit es da keine Probleme kriegt. Unser Kollege hier ...« – der Mann schlägt seinem Nebenmann jovial auf den Rücken – »... ist nämlich Vater geworden.«

»Glückwunsch!«, sagt Gunnar. »Wir feiern Junggesellenabschied. Ganz verloren haben wir unseren Freund hier noch nicht ...« Er deutet auf Jochen. »Zumindest wissen wir noch nichts von einem Kind!«

Alle lachen – und prosten sich zu. Jochen merkt beim nächsten Schluck Rauchbier, dass das Spezial-Bier, das hier ausgeschenkt wird, nicht so intensiv nach flüssigem Schinken schmeckt wie das Bier im Schlenkerla. Es hat nur ein leicht rauchiges Aroma, ansonsten ist es ein mildes, dunkles Bier, das seine Wirkung nicht verfehlt. Jochen wird sentimental und immer betrunkener. »Freunde, ich bin so froh, dass ich euch habe, und ich werde euch in München vermissen«, sagt er gerührt.

»Du bist immer eingeladen zurückzukommen, auch wenn wir das nicht für dich hoffen«, sagt Alexander. »Und wir besuchen dich auch: zum Oktoberfest, zum Skifahren, zum Bergwandern und vor allem zum Biertrinken. Prost, ihr Lieben.«

Die Freunde stoßen noch einmal an.

»Und Jochen, wenn du uns so vermisst – wie wäre es, wenn du morgen noch ein Stück mit uns in Richtung Heimat fährst? Wir wollen noch für zwei, drei Stunden in Würzburg aussteigen, das soll ja auch ganz beschaulich sein«, sagt Thomas.

Jochen hat das Gefühl, als würde in seinem Kopf ein wildes Karussell fahren. »Würzburg, Jungs ... Ich fürchte, das geht nicht«, sagt er etwas lallend. »Ich fürchte, ich muss wieder nach München. Montag muss ich arbeiten. Das heißt, ich muss morgen wieder ganz schnell einen klaren Kopf bekommen und kann es mir nicht erlauben, auch Würzburgs Biere auszutesten.«

»Würzburgs Biere? Habt ihr das gehört?«, fragt einer der Männer vom Nebentisch. Seine Freunde lachen.

»Ja, wieso nicht? Die sind sicher nicht so gut wie eure, aber die Würzburger können doch sicher auch bierbrauen, so als Franken?«, fragt Alexander.

»Von Weinfranken habt ihr noch nichts gehört, oder?«, entgegnet der junge Vater. »Da gibt es kein *Brunsbier* – jedenfalls kein empfehlenswertes.« Seine Freunde lachen wieder. Einer sagt: »Weinfranken auf Bier, das rat ich dir. Am Ende wollt ihr in Würzburg noch in einen Bocksbeutel hauen, weil ihr glaubt, das sei eine sportliche Disziplin.« Und wieder wird gelacht, bis sich die Männer vom Nebentisch die Bäuche halten.

»Wenn ihr das Saufen aber nicht vertragt, so wie euer Kumpel hier, dann verzichtet besser auf den Trip nach Würzburg«, sagt der frisch gebackene Papa und deutet auf Jochen, der ähnlich fahl aussieht wie das Innere der Bratwurst, die die Bedienung gerade auftischt.

Obacht, neidabbt!

Gut, dass den Freunden bereits in Bamberg reiner Wein eingeschenkt wurde, was die Kulinarik in Würzburg betrifft: Denn dort ist man besonders stolz auf den Frankenwein und es gehört zum »Basiswissen Franken«, Bier- und Weinfranken auseinanderhalten zu können. Die kulinarisch-kulturelle Gliederung ist in der Gegend wichtiger als die politische Aufteilung in Ober-, Mittel- und Unterfranken. Bierfranken erstreckt sich hauptsächlich über Ober- und Mittelfranken. Zu Weinfranken gehören Unterfranken und manche Gegenden Mittelfrankens. Frankenwein schmeckt vor allem im Aschaffenburger, Würzburger und Schweinfurter Raum. Es gibt dort kräftigen Silvaner, bekömmlichen Müller-Thurgau, eleganten Weißburgunder, spannenden Riesling oder charmanten Bacchus. Und auch wenn Frankenwein mal rot sein kann – bekannt ist vor allem der trockene weiße.

Wer nicht genau weiß, wo er Frankenwein findet, sollte sich im Weinregal des Supermarkts genau umsehen, denn optisch sind die guten Tropfen leicht zu identifizieren: Frankenweine werden traditionell in Bocksbeuteln abgefüllt, kugeligen Flaschen mit flach gedrücktem Bauch und kurzem Hals. In diese Flaschen kommen qua Dekret nur hochwertige Weine aus Franken. Wie eine gewöhnliche Flasche Wein fasst auch der Bocksbeutel 0,75 Liter, also drei fränkische Schoppen. Die Form wurde vom Würzburger Stadtrat im Jahr 1728 festgelegt und ist heute urheberrechtlich geschützt.

Woher der Begriff Bocksbeutel stammt, ist nicht ganz geklärt. Beliebt ist aber der Vergleich mit der Form des Hodensacks eines Ziegenbocks. Als es noch kein Glas und schon gar kein Plastik gab, soll man diesen zum Transport von Flüssigkeiten genutzt haben. Eine andere Erklärung ist, dass die Mönche früher einen Lederbeutel am Gewand getragen haben, in dem ihr Gebetsbuch steckte. Da sie dieses aber schon in- und auswendig kannten, sollen sie es heimlich gegen eine bauchige Flasche getauscht haben. Der sogenannte Bücherbeutel – niederdeutsch: Booksbüdel – wurde also zum Flaschenversteck.

Heute muss niemand mehr seinen Wein verstecken. Gerne wird er auf den Weinfesten in den mittelalterlichen Dörfern und Städtchen Weinfrankens genossen, etwa in Sulzfeld, Zeil am Main oder Sommerhausen.

Fazit: Wenn Jochens Freunde nach Würzburg fahren, sollten sie beim Stichwort »Schoppen« nicht ans Einkaufen denken – aber ans Bier auch nicht.

ES GEHT UM DIE WURST

Wenn über das Heiligtum der Franken, die Bratwurst, diskutiert wird, verstehen die Bewohner der Region keinen Spaß. Leidenschaftlich wird darüber gestritten, welche wo am besten schmeckt, am tollsten aussieht und wer sie überhaupt erfunden hat. Und nicht nur innerhalb Frankens gibt es wü(r)ste Auseinandersetzungen: Auch mit den Thüringern liefern sich Frankens Metzger ein kulinarisches Battle. Denn wurst sind die Details in dieser Angelegenheit nicht. Bratwürste werden überall ein bisschen anders hergestellt, jeweils nach festen Regeln, und das ist den Bewohnern der jeweiligen Gegend auch wichtig. Beispiele gefällig?

Die Nürnberger Rostbratwurst etwa darf nur sieben bis neun Zentimeter messen. Eine besondere Note erhält sie durch Majoran. Weil sie so klein ist, verträgt der Franke sechs oder sogar zwölf Stück davon und bestellt etwa »Sechs auf Kraut«. Für »auf die Hand« genießt er indes »Drei im *Weggla*«, und zwar mit Senf und ohne Ketchup. Die Coburger Bratwurst zählt hingegen zu den längsten Würsten Frankens. Sie misst im Rohzustand 31 Zentimeter und wird im vertikal aufgeschnittenen Brötchen serviert – ohne Senf. Coburger Bratwurst wird auf offenem Feuer über Kiefernzapfen gegrillt, was sie besonders würzig, aber auch besonders aufwändig in der Zubereitung macht. Die Füllung, die mindestens zu 25 Prozent aus Kalb oder Rind bestehen muss, wird nur mit Salz, Pfeffer, Muskat und Zitrone gewürzt. Als Bindemittel dient rohes Ei, was einzigartig in Deutschland ist.

Die Ansbacher Bratwurst wiederum ist bis zu 18 Zentimeter lang und etwa drei Zentimeter dick. Sie bleibt beim Braten herrlich saftig. Ihre grobe Wurstfüllung besteht aus reinem Schweinefleisch und ist mit Salz, Pfeffer, Majoran und Piment gewürzt.

Der Tatsache, dass auch Wurst und Wein geschmacklich hervorragend zusammenpassen, werden die Würzburger mit ihrer Bratwurst gerecht. Einerseits ist sie der Thüringischen sehr ähnlich und wie diese 15 bis 20 Zentimeter lang, etwa 1,5 Zentimeter dick, aus Schweinefleisch und kräftig gewürzt – doch sie wird zusätzlich mit Frankenwein abgeschmeckt. Dazu gibt es Senf und auch gerne weiteren Wein. Der Wein als Würze ist aber nicht ihre einzige Besonderheit: Die Würzburger Wurst wird geknickt, bevor sie im länglichen Brötchen landet. So passt sie besser hinein. Der Name der Wurst lautet daher auch *Geknickte* oder *Gnickte*. Bestellt wird sie als »*Geknickte mit*« – gemeint ist mit Senf – oder als »*Geknickte im Kipf*«. Tipp: Der Bratwurststand Knüpfing am Würzburger Marktplatz gilt als Institution in Sachen Wurst.

25 WO BAYERN SCHWÄBISCH SCHWÄTZT

VON SCHÖNEN KÜHEN UND FRAUEN

Am Sonntagvormittag nimmt Jochen den ICE von Bamberg nach München. Sein Schädel brummt. Nie wieder will er so viel trinken – na ja, höchstens vielleicht auf seiner eigenen Hochzeit in der kommenden Woche, falls Magdalena das nicht falsch verstehen würde. Gut jedenfalls, dass er sich ein

Ticket für den ICE gegönnt hat. Sein Platz hier ist bestimmt komfortabler, als er es im Nahverkehrszug wäre, und kürzer wird die Fahrt dadurch auch. Er lehnt sich nach hinten. Vielleicht kann er sogar ein bisschen schlafen ...

»Nächster Halt: Augsburg!«, sagt eine Stimme. Jochen schreckt hoch. »Oh Gott, ich habe München verpasst!«, ruft er, packt seinen Rucksack und stolpert zur Tür. »Schnell raus hier«, denkt er, als der Zug am Augsburger Bahnhof hält und sich die Tür öffnet. Er will nicht noch weiter ins Schwabenländle eindringen, sondern muss dringend zurück nach München! Als der Zug wieder abfährt, blickt er an die Anzeigentafel. Oh nein, der ICE wäre nach München weitergefahren! Augsburg war offenbar nur ein Zwischenhalt. Wie kann das sein?

Jochen trottet zum Info-Center, um zu fragen, wann der nächste Zug fährt.

»Wie kann ich Ihnen helfen?«, fragt die Dame am Schalter.

»Ich bin leider zu früh aus dem ICE nach München gestiegen. Ich dachte, ich wäre viel zu weit gefahren. Augsburg liegt ja nicht mal mehr in Bayern ... Dass der Zug aus Bamberg einen solchen Schlenker macht?«

»Das kommt schon mal vor, dass Züge gewisse Schlenker machen«, erklärt die Dame. »Viele Passagiere nutzen die ICE-Verbindung Nürnberg-Augsburg. Aber wie kommen Sie auf die Idee, dass wir hier nicht mehr in Bayern sind? Wo sollten wir denn sonst sein?«

»Ich dachte ... in Schwaben?«, sagt Jochen

»Ja, richtig. Und?«

»Und Schwaben gehört doch zu ...«

Der Mann, der hinter Jochen in der Reihe steht, lacht und sagt zu seiner Frau: »*Woisch*, was der Mann da gesagt hat?

Der denkt, *Augschburg* ist nicht in Bayern. Der meint bestimmt, wir sind in Timbuktu, nur weil er unser schwäbisches Schwätzen nicht versteht.«

Die Frau lacht auch.

Jochen schämt sich. Sollte er tatsächlich solch eine große geografisch-politische Bildungslücke haben? Er hat immer gedacht, dass die Schwaben Baden-Württemberger sind – Spätzleesser, und keine Knödel vertilgenden Bayern.

SPÄTZLE, DIE BESSEREN NUDELN

Zur Zeit ihrer Erfindung im 18. Jahrhundert galten sie als Arme-Leute-Essen, heute sind sie eine der bekanntesten Spezialitäten Süddeutschlands: Spätzle, da sind sich vor allem die Schwaben sicher, sind die besseren Nudeln. Sie bestehen in der Regel nur aus Weizen, Mehl und Eiern. Der große Unterschied zur italienischen Teigware ist, dass Spätzle weicher sind, aber eine rauere Oberfläche als Pasta haben. Dadurch nehmen sie Saucen besser auf. Zudem wird der Spätzleteig im Gegensatz zu dem vieler Nudeln nicht getrocknet. Er kommt im zähflüssigen Zustand direkt vom Spätzlebrett oder durch die Spätzlepresse ins siedende Wasser und wird dann in kurzer Zeit fertig gekocht.

Ob sie vom Brett aus in den Topf geschabt oder durch die Presse gedrückt werden, ist Geschmacksacke. Fertig im Supermarkt gekauft werden dürfen Spätzle freilich auch. Wer möchte, dass die Teigware tatsächlich aus Schwaben kommt, sollte dabei auf den Zusatz »g. g. A.« (geschützte

geografische Angabe) achten. Dieser darf nur auf den Pa-
ckungen stehen, wenn die Spätzle in Schwaben nach einer
Rezeptur, die der EU vorliegt, hergestellt werden.

Knöpfle heißen die schwäbischen Nudeln übrigens, wenn
sie wie kleine, runde Knubbel aussehen. Spätzle ist die korrekte Bezeichnung, wenn sie eher länglich geformt sind.

Jochen sagt nichts mehr, dieses Gespräch nervt ihn und
strengt ihn an – schließlich hat er immer noch einen
Brummschädel. Schweigend nimmt er den Ausdruck mit
der nächsten Zugverbindung nach München entgegen und
denkt, dass es mit der bayerischen Identität schon kurios
ist: Die Franken wollen nicht zum Freistaat gehören und
tun es doch. Die Schwaben wiederum wollen Bayern sein,
was aber niemand weiß, denn viele Leute dürften sie genau
wie er gedanklich nach Baden-Württemberg stecken. Verrückt.

Obacht, neidabbt!

Mit den Schwaben ist es fast noch komplizierter als mit den
Franken, jedenfalls geografisch gesehen. Ansonsten sind die
Schwaben weniger eigen, weil ordnungsliebend, und dazu
gehört auch die Liebe zur öffentlichen Ordnung. Um jedenfalls gleich einmal klarzustellen, was tatsächlich viele nicht
wissen: Schwaben ist ein bayerischer Regierungsbezirk, genau wie Franken, Niederbayern, Oberbayern und Oberpfalz
es sind. Allerdings gehören zwei Drittel Schwabens zu Baden-Württemberg und nur der bayerische Teil, wie der Name

schon sagt, zum Freistaat. Wer ganz Schwaben über einen Kamm schert, macht sich nicht gerade beliebt. Vor allem die Bewohner des schwäbischen Landkreises Aichach-Friedberg, der in Teilen bis 1972 zu Altbayern gehörte, identifizieren sich in keiner Weise mit dem Ländle und seiner Hauptstadt Stuttgart. Viele Menschen von dort pflegen ihre altbayerische Identität und auch die Jugend führt die Tradition fort. Ihr Dialekt mischt das Oberbairische mit schwäbischen Einflüssen.

Doch nicht erst 1972, auch schon in früheren Zeiten wurden die Umrisse Bayerisch-Schwabens bereits ungeachtet sprachlicher und kultureller Grenzen beschlossen, etwa unter Napoleon. Dass sich die Bewohner Schwabens im Gegensatz zu denen Frankens sehr wohl mit dem Freistaat identifizieren, verdeutlicht auch der Slogan vom Tourismusverband Bayerisch-Schwaben. Mit »Wo Bayern schwäbisch schwätzt« versucht er, Touristen für die Region zu interessieren. Böse altbayerische Zungen behaupten indes, es sei recht absurd, dass sich die Schwaben als Bayern fühlen, obwohl sie nicht einmal über die benötigten Sprachkenntnisse verfügen.

Aber das war's noch nicht mit Schwaben. Es gibt nämlich noch das Allgäu. Dieses bezeichnet eine Landschaft, zu der neben den prächtigen Bergen im Süden Bayrisch-Schwabens und des angrenzenden Baden-Württembergs auch wenige Teile des Voralpenraumes gehören – und, um alles noch weiter zu verkomplizieren, auch das Kleinwalsertal, Jungholz und das Tannheimer Tal in Österreich. Während die Allgäuer Bayerns und Baden-Württembergs mächtig stolz sind auf das vielleicht schönste Fleckchen deutscher Erde, verstehen sich die Menschen jenseits der österreichischen Grenze nicht unbedingt als Allgäuer. Und Menschen aus dem bergigen Oberstdorf wiederum grinsen breit, wenn sich die Einwohner des nur in moderaten Hügeln eingebetteten Kemptens als stolze Allgäuer fühlen. »Wo soll denn hier Allgäu sein?«, verspotten sie die Bewohner flacherer Gefilde.

Wer sich nicht sicher ist, wo denn das Allgäu nun genau angesiedelt ist, kann sich eine beliebte Faustregel merken, die da lautet: »Das Allgäu beginnt da, wo die Kühe schöner sind als die Frauen.« So heißt es im Volksmund. Das ist böse? Nun ja: Wer einen Viehabtrieb erlebt, etwa in Bad Hindelang, bei dem die Tiere mit ihren langen Wimpern, den sahnefarbenen Mäulern und Blumenschmuck vom Berg ins Tal gebracht werden, sieht mit eigenen Augen, dass die dekorierten Tiere das Zeug dazu haben, so manchem Mädchen die Show zu stehlen ...

Kompliziert findet übrigens auch Andreas Kopton, Präsident der schwäbischen Industrie- und Handelskammer, die geografische und politische Zuordnung Schwabens. Vor ein paar Jahren hat er vorgeschlagen, Schwaben in »Westbayern« umzubenennen. Er begründete seinen Vorstoß damit, dass er bei Terminen außerhalb Bayerns oft gefragt werde, ob er aus Baden-Württemberg stamme. Überhaupt lasse sich im Ausland die Marke »West Bavaria« besser vermarkten als »Swabia«, die englische Bezeichnung für Schwaben. Kopton, der zugereiste Norddeutsche, hatte jedoch keinen Erfolg mit seinem Vorschlag. »Schwaben, das darf ich auch als bayerischer Ministerpräsident sagen, bleibt Schwaben und ist nicht Ostbayern oder Südbayern oder Westbayern«, hatte der damalige bayerische Ministerpräsident Horst Seehofer gemahnt.

AUGSBURG, DER DEUTSCHE MEISTER IM FEIERTAGFEIERN

Augsburg belegt Platz eins einer beliebten Rangliste, auf den der Rest der Republik höchst neidisch ist: Die Stadt hat bundesweit die Nase vorne, was die Anzahl der gesetzlichen Feiertage betrifft. Während Bayern schon mit in der Regel 13 Feiertagen pro Jahr satte vier mehr hat als etwa Hamburg, dürfen die Augsburger sogar 14-mal frei feiern: Die Stadt hat, was einzigartig in Deutschland ist, einen eigenen gesetzlichen Feiertag, der auf das Stadtgebiet begrenzt ist: das Augsburger Hohe Friedensfest, das jedes Jahr am 8. August begangen wird. Der Feiertag geht auf den Westfälischen Frieden von 1648 zurück, der die Unterdrückung der Protestanten während des Dreißigjährigen Krieges beendete. Seit 1950 ist der 8. August auf Initiative des Bayerischen Landtags ein gesetzlicher Feiertag für die Stadt Augsburg. Seit 1985 wird das Friedensfest ökumenisch gefeiert.

26 PKW-MAUT AUF DEM *HIGHWAY TO HELL*

DER BAYER, EIN RACHE SUCHENDER HINTERWÄLDLER?

Die Trauungszeremonie findet im kleinen Rahmen statt. Jochens Eltern und seine Schwester sind aus Wuppertal angereist, dazu Gunnar, Alexander und Thomas, Magdalenas Familie aus Niederbayern, drei langjährige Freundinnen und zwei Kollegen. Sie alle haben sich im holzvertäfelten Trauraum im fünften Stock des Kreisverwaltungsreferats in der

Münchner Poccistraße um das Brautpaar geschart. Der Rest vom Fest – einige weitere Freunde, Verwandte und Kollegen – wartet vor der Tür. Als sich Magdalena und Jochen das Ja-Wort geben, spielt eine Frau *Weus'd a Herz Hast Wie a Bergwerk* von Rainhard Fendrich auf dem Keyboard, das hatte sich Magdalena gewünscht. Im Vorgespräch hatte ihnen ein Beamter eine Liste mit möglichen Songs gezeigt, aus denen sie wählen durften. *Highway to Hell* von AC/DC wäre auch dabei gewesen. Jochen hätte es gefallen, den Hit auf seiner Hochzeit zu hören. Das hätte seine Freunde ordentlich beeindruckt. Als er aber auf seinen Vorschlag hin in Magdalenas bestürztes Gesicht geblickt hatte, tat er so, als hätte er gerade einen Witz gemacht. »Ach nein«, hatte er gesagt. »Den *Highway to Hell* befahren wir erst, wenn wir in Bayern Autobahnmaut bezahlen müssen.«

Nach der Trauung versammelt sich die Hochzeitsgesellschaft auf der Dachterrasse der Behörde, die einen tollen Blick über Münchens Dächer bietet. Die Gäste staunen. An Stehtischen stoßen alle mit Champagner auf das Brautpaar an. Als sich Jochens Eltern erstmals richtig mit Magdalenas Eltern unterhalten, müssen die Brautleute grinsen. Es klingt lustig, wenn Magdalenas Vater auf Bairisch auf die Fragen von Jochens Vater antwortet. »Wir sind ganz schön multikulti«, witzelt Jochen.

Anschließend fährt die Gesellschaft mit der U-Bahn nach Thalkirchen ins gediegene asiatische Restaurant Mangostin. Die asiatische Küche war der Kompromiss aus »Meine Eltern würden bei bayerischer Küche einen Kulturschock kriegen« (Jochen) und »Aalsuppe werde ich meinen Eltern aber nicht auftischen« (Magdalena). Das Wetter ist herrlich und so findet die Feier im loungigen Garten des Restaurants statt, auf bequemen Korbmöbeln und umgeben von alten Kastanien. Zum Einstieg erhalten alle Gäste vietnamesische Frühlingsrollen und Garnelenspieße als Fingerfood. Dazu nippen sie an einem Aperol-Spritz. Wenig später steht Jochens Vater von seinem Platz auf, räuspert sich und hält eine Rede.

»Liebe Magdalena, lieber Jochen, liebe Gäste unseres bezaubernden Brautpaars. Ich freue mich sehr, dass ich heute auch Magdalenas Familie kennenlernen darf und sehe, dass mein Sohn hier in Bayern gut aufgehoben ist. Ich gebe nämlich zu, dass ich zuerst schockiert war, als uns unser Sohn eröffnet hat, hierher zu ziehen. Nach Bayern! Ausgerechnet! In diese erzkonservative Gegend, das Texas Deutschlands, in dem die Leute so komisch sprechen wie in Österreich, folkloristisches Gewand tragen und Ansichten vertreten, die aus dem 15. Jahrhundert stammen könnten.«

BAYER QUA GESETZ

Es dürfte Jochens Vater zwar nicht gefallen, aber Jochen ist qua Gesetz bayerischer Staatsbürger. In Artikel 6 der Bayerischen Verfassung ist festgelegt, dass man die bayerische Staatsangehörigkeit (1.) durch Geburt, (2.) durch Legitimation, (3.) durch Eheschließung und (4.) durch Einbürgerung erwirbt. Jochen hat seinen Wohnsitz nach München verlegt und Magdalena geheiratet. Die Sache ist völlig klar. Bedeutung hat die bayerische Staatsbürgerschaft praktisch nicht – ein Symbol ist sie allemal.

Magdalena sieht, dass Gunnar und Alexander bei den Worten ihres Schwiegervaters frech grinsen. Jochen hat ihr erzählt, dass sie manchmal Witze über die Bayern reißen. Sie bemerkt, dass ihr eigener Vater fahl im Gesicht wird, und überlegt, ob Jochens Vater seine Worte ernst meint oder ob er seine Rede vor allem witzig findet.

Er spricht weiter. »Ich wusste auch gar nicht so recht, ob wir es mit halbwegs überschaubarem finanziellem Aufwand schaffen würden, zur Hochzeit zu kommen. Denn wie war das noch mal mit dieser Pkw-Maut für Ausländer? Und gelten wir Preußen auch als Ausländer? Es ist so absurd, dass es hier im Süden der Republik ein Bundesland gibt, das sich freiwillig dieses Behördenmonster aufbürden will, bei dem die Einnahmen des Autobahnzolls gleich von der Bürokratie aufgefressen werden. Politiker, die sich so etwas ausdenken – so etwas Verrücktes gibt es nur in Bayern, oder?«, sagt er und fühlt sich bestärkt, als er sieht, dass Jochens Freunde nicken und kurz auflachen.

Magdalena beobachtet, wie ihre Mutter die Hand beschwichtigend auf den Arm ihres Vaters legt. Franz hält sehr viel von der Einführung einer Pkw-Maut – aus gutem Grund, wie Magdalena findet.

»... dann aber habe ich Magdalena kennengelernt«, spricht Jochens Vater weiter, »eine tolle Frau, die unseren Jochen wirklich glücklich macht. Mich macht ihr glücklich, wenn ihr eure Kinder nicht Sepp oder Ludwig nennt. Wo die Liebe hinfällt – und es ist die große Liebe, das weiß ich, so gut kenne ich meinen Sohn –, das kann man nicht lenken. Und das bedaure ich nur im geografischen Sinne, denn mit Magdalena hat mein Sohn die Frau seines Lebens gefunden. Ich danke Ihnen.«

Jochens Vater lächelt zufrieden. Magdalena vermutet, er hält seine Rede tatsächlich für gelungen. Während der Wuppertaler Teil der Hochzeitsgesellschaft freundlich klatscht, sieht die Braut auf ihre Eltern, die sichtlich Mühe haben, beherrscht zu bleiben. Ihr Vater trinkt den Rest des Aperitifs auf einen Zug leer.

»Bitte, Franz«, zischt Magdalenas Mutter ihrem Ehemann hörbar zu. »Sag einfach nichts. Immerhin ist der Jochen ein feiner Kerl. Mit dem Vater haben wir doch nichts zu tun.«

Obacht, neidabbt!

Die Sache mit der Autobahnmaut ist für die Bayern eine ernste Angelegenheit, auch wenn der Rest Deutschlands sich darüber wundert, wenn die Bayern davon sogar ihre Teilnahme an einer Regierung abhängig machen wollen. Haben die da unten denn keine anderen Probleme? Doch, haben sie. Aber dass sie bei einer Fahrt durchs benachbarte Österreich zum Kauf eines Pickerls genötigt werden, während die Österreicher kostenlos auf Bayerns Autobahnen fahren dürfen – das wurmt sie sehr. Fahren die Bayern noch weiter nach Italien, werden sie ebenfalls zur Kasse gebeten. »Was die Ösis und Italiener können, können wir schon lange«, lautet daher ihre Devise. Also treten sie vehement dafür ein, dass die Ausländer wiederum in Bayern und Deutschland blechen müssen. Ist doch nur fair, oder?

Wenn dann ein Wuppertaler daherkommt, der auf seinen Reisen eher nur die dort nahe gelegenen niederländischen Autobahnen befährt, auf denen keine Maut fällig ist, kann der gar nicht mitreden: Er kennt das Gefühl des Abgezocktwerdens ja nicht. »Bei euch fahren die Österreicher und Italiener ja nicht durch«, heißt es dann oft.

Dumm jedenfalls, dass die ganze Republik die bayerisch-österreichische Fehde aushalten muss, auch wenn sie die Probleme nicht versteht. Was die Bayern allerdings auf bayerischem Boden von anderen Deutschen erwarten, ist Verständnis – oder zumindest keine Häme.

Allergisch sind sie übrigens auch auf den direkten Vergleich mit der österreichischen Sprache. Denn Österreich liegt fast vollständig im bairischen Sprachraum. Da nervt es, wenn die bairischen Dialekte fälschlicherweise dem Österreichischen zugeordnet werden, denn andersrum ist es richtig.

Dass die Bayern möglicherweise nicht nur aufgrund ihrer Politik, sondern auch aufgrund ebendieser Sprache für rückständig, provinziell und ungebildet gelten, schmerzt sie sehr. Dennoch, die Mittel- und Norddeutschen können das Bayern-Bashing oft nicht lassen, immerhin hat es Geschichte: Bereits Preußenkönig Friedrich der Große hielt Bayern für das Land mit dem geringsten Geist. Dort müsse schleunigst aufgeräumt werden. Unverschämt und unangemessen ist das alles aus bayerischer Sicht, immerhin zahlt der Freistaat beim Länderfinanzausgleich mehr als die anderen Länder. Die Jobaussichten hier sind gigantisch, die Schuldenlast gering, die Kriminalität im Rahmen – und das Abitur gilt als eines der anspruchsvollsten in Deutschland.

Dass Jochens Vater die Namen Ludwig und Sepp für ein No-Go hält, hätte er ebenfalls für sich behalten können. Damit stellt er die in der Region beliebten Namen in die Bauerntölpel-Ecke. Wenn unter den anderen Gästen vielleicht sogar Sepps und Ludwigs sein sollten – es gibt diese alten Namen wieder häufiger an Kindergärten und Schulen –, hätte er diese direkt beleidigt. Also bitte immer freundlich bleiben, gerade auf Festen wie einer Hochzeit, und vor dem Sprechen überlegen, ob manche in Mittel- und Norddeutschland passende Sprüche auch im Süden gut ankommen.

DERRICK UND ANDERE BAYERISCHE NAMEN

Bayerische Namen gehen in bayerischen Familien immer. Derzeit ist es in Mode, seinen Kindern auch alte Namen zu geben und sie etwa nach den Großeltern zu benennen. Daher gibt es in Bayern viele Maximilians, Annas, Simons oder auch Magdalenas. Manch potenziell bayerische Namen sind aber auch abgedrehter – so abgedreht, dass das Standesamt den Vorschlag der Eltern ablehnt. In Dachau etwa wurde Pumuckl als Kindesname verhindert. So, wie der berühmte Münchner Kobold heißt, solle kein Kind genannt werden dürfen. Auch Watzmann darf weiterhin nur als Name für einen Berg herhalten, ein Kind soll lieber bodenständiger gerufen werden. Erlaubt wurde dagegen Derrick als zweiter Vorname für einen Jungen in München, nach dem berühmten Münchner TV-Oberinspektor, und Bavaria ist der dritte Vorname eines Mädchens in *good old Bavaria's* Hauptstadt.

27 *HONEYMOON, THE BAVARIAN WAY*

VOM BAYERISCHEN MEER BIS CHINA

Nach der Hochzeitsnacht schlafen Magdalena und Jochen erst einmal aus. Die Feier war schön – und natürlich haben sich die beiden darüber gefreut, dass auch ihre Verwandten aus Niederbayern und Wuppertal und ein paar Freunde dabei waren. Jetzt sind sie dennoch froh, dass sie ihre Familien erst mal nicht mehr sehen und noch heute zum Honeymoon fahren. Bei der Feier wurde deutlich, dass Jochens Vater kein

Bayernfreund und Magdalenas Vater kein Preußenfreund mehr werden würde, was die Stimmung tatsächlich etwas getrübt hat. Dass die Herren ihre Ressentiments nicht einmal bei der Hochzeit ihrer Kinder für sich behalten konnten ... Aber Jochen und Magdalena wollen das nicht zu ihrem Problem machen.

Sie fahren gleich für drei Tage zum Chiemsee, ans sogenannte bayerische Meer. Um eine Reise ans »echte« Meer zu unternehmen, hat Jochen in seiner Probezeit nicht genügend Urlaub bekommen. Das holen sie im Sommer nach. Am Chiemsee sei es allerdings auch wunderschön, hat Magdalena versprochen. Das habe schon König Ludwig II., ein ausgesprochener Ästhet, so gesehen, weshalb er auch auf einer der Chiemseeinseln ein Schloss erbaut habe. Ebbe und Flut wie an einem echten Meer gebe es am ungefähr 80 Quadratkilometer großen See auch. Dabei kann es passieren, dass der Wasserspiegel zwischen drei und 30 Zentimetern schwankt. Zudem ist der Chiemsee ein Überbleibsel des urzeitlichen Tethysmeeres, das fast halb Europa bedeckt hat. Und oft ist es so stürmisch am bayerischen Meer, dass Wassersportler in Seenot geraten.

Während sich Magdalena fertig macht, bringt Jochen schon mal die Koffer ins Auto und bereitet das Navi vor. Gut Ising in Chieming heißt ihr Ziel, ein fabelhaftes Hotel in bester Lage in Seenähe. Dort erwarten sie romantische, honeymoontaugliche Suiten in nostalgischem Ambiente in verschiedenen Gutshäusern sowie – für Jochen besonders verlockend – gehobene Alpenkulinarik und ein angenehmer Wellnessbereich. Historisch bedeutsam ist das Hotel auch. Zum einen für Magdalena, weil sie dort als Kind mit ihren Eltern einmal Luxus-Reiterferien, wie sie es nennt, verbringen durfte, und zum anderen, weil auf dem altrömischen Staatsgut Usinga, dem heutigen Gut Ising, schon immer Hochzeiten gefeiert wurden.

»Wo geht's denn hin?«, fragt Nachbarin Theresa, als sich Jochen wieder auf den Weg hinauf in die Wohnung macht, um zu sehen, wo Magdalena bleibt.

»Zum Chiemsee«, sagt Jochen und spricht es wie »Schiemsee« aus.

»Schiemsee?«, fragt Theresa. »Weißt du, ich komme ja dort aus der Nähe – aus Rosenheim. Wenn früher irgendwelche Nordlichter nach dem Weg zum Schiemsee gefragt haben, haben wir sie zum nahe gelegenen Simssee geschickt. Einen Schiemsee haben wir nämlich nicht und es tut uns in den Ohren weh, wenn du das sagst. Du sagst ja auch nicht Schemie und Schina, oder?«, fragt sie und lacht. »Chiemsee spricht man mit ›K‹. Wenn du es mit ›Sch‹ sprichst, denkt dein bayerisches Gegenüber Sch wie Sch... Scheibenkleister!«

»Ach ja«, fällt Jochen ein. »Ihr sagt ja ›Kina‹ und wollt bestimmt auch eine Behandlung vom ›karmanten Keff-Kirurg‹, falls ihr euch verletzt habt. Dass ihr die Touristen veräppelt, die die Hochsprache besser beherrschen als ihr, ist aber nicht nett. Aber ich weiß ja, dass in den ländlichen bayerischen Gegenden die Gästezimmer immer noch häufig Fremdenzimmer heißen. Das ist bezeichnend ...«

»Sei mir nicht bös«, meint die Nachbarin. »Aber Schiemsee geht gar nicht.«

»Ich mach mich mal vor Ort schlau«, verspricht Jochen und hört, wie Magdalena endlich die Treppe heruntersteigt. »Ah, Magdalena kommt. Tschüss dann! Für uns geht's auf ins schöne Schieming!«

Obacht, neidabbt!

Wer hat recht? Heißt es »Schiemsee«, »Schina« – und vielleicht sogar »Schristbaum«? Oder doch »Kina«, »Kiemsee«, »Kirurg«? Fast alles davon ist korrekt, aber leider nicht überall. Für die Aussprache von »China« und »Chemie« gibt es im Deutschen circa drei gangbare Möglichkeiten. Manche sprechen »China« mit einem »Ch« wie in »Ich« aus. Im Norden sagen die Menschen eher »Schina«, im Süden »Kina«. In den Ohren der jeweils anderen klingt es grausam, wenn das Wort vermeintlich falsch ausgesprochen wird. Dasselbe gilt etwa für Chemie, die hier zur »Kemie« und dort zur »Schemie« wird und manchmal »Chemie« bleibt. Eins aber ist nicht verhandelbar: der Chiemsee. Hierbei handelt es sich um einen Eigennamen, der bitte tatsächlich nicht verschinesisiert werden darf und mit einem knackigen »K« gesprochen werden sollte, hüben wie drüben.

DIE INSELN IM BAYERISCHEN MEER

Wer den Chiemsee umrunden will, muss 63,96 Kilometer zurücklegen. Dabei kann er so manchen Blick auf die Inseln des bayerischen Meeres erhaschen: auf die Herreninsel, die Fraueninsel, die Krautinsel und vielleicht auch auf die drei weiteren, sehr kleinen Inseln, den Schalch an der Fraueninsel sowie zwei namenlose, baumbestandene Inselchen südlich der Krautinsel, die jeweils nur wenige Quadratmeter groß sind.

Herren-, Frauen- und Krautinsel bilden zusammen die Gemeinde Chiemsee. Für Touristen ist die Herreninsel mit Schloss Herrenchiemsee meist die wichtigste Anlaufstelle. Das Schloss wurde als Abbild des französischen Versailles und als ein »Tempel des Ruhmes« für König Ludwig XIV. von Frankreich gebaut. Architekt Georg Dollmann hatte das Vorbild intensiv studiert und auch Räume rekonstruiert, die in Versailles längst nicht mehr in dieser Form existierten.

Aber auch die Fraueninsel ist einen Besuch wert. Hier ist die kleinste Künstlerkolonie Europas beheimatet, ebenso das älteste Nonnenkloster Deutschlands – das Kloster Frauenwörth. Diese beiden großen Inseln sind vermutlich bereits seit der Steinzeit bewohnt und ganzjährig über die Schiffsverbindungen von den Ufergemeinden aus zu erreichen.

Direkt neben der Fraueninsel liegt die Krautinsel, die abgesehen von ein paar Schafherden keine Bewohner hat. Im Mittelalter bauten die Nonnen hier Gemüse und Kräuter an – daher stammt der Inselname. Touristenschiffe fahren die Insel nicht an, beim Vorbeifahren gewinnt man aber einen Eindruck der Idylle.

28 ES WAR EINMAL ... EIN MÄRCHEN

DER EWIGE BAYERNKÖNIG

Jochen und Magdalena bestaunen das Bett, das mit gold- und silberbestickten schweren Vorhängen vor fremden Blicken geschützt werden könnte, und seinen prächtigen Baldachin, auf dem vier opulente Straußenfederballons platziert sind. Inmitten dieses Prunks entdecken sie überall neue Details. Fast können sie sich nicht losreißen – doch die nächsten Höhepunkte warten schon auf sie. Besonders der Spiegelsaal mit seinen 33 Kronleuchtern und deren fast 2.000 Kerzen zieht sie erneut in den Bann. Länger als eine Viertelstunde sollte die Dienerschar nicht benötigen, um die Lichter zu entzünden, erfahren sie von ihrer Schlossführerin. So soll die Anordnung des Königs gelautet haben. Das Paar ist fasziniert von den Schönheiten Schloss Herrenchiemsees, das König Ludwig II. auf der Herreninsel mitten auf dem Chiemsee nach dem Vorbild von Versailles bauen ließ, dem Schloss seines großen Idols, Sonnenkönig Ludwig XIV. Von außen ist Herrenchiemsee denn auch beinahe ein originalgetreues Abbild des französischen Herrscherhauses – abgesehen davon, dass aus finanziellen Gründen auf die Seitenflügel verzichtet werden musste. Von innen stellen die Räume ebenfalls perfekte Raubkopien dar. Sogar einzelne Kunstgegenstände wurden nachgebaut. Teilweise ließ Ludwig die Zimmer und Dinge noch prunkvoller als das Original gestalten, um dem Sonnenkönig seine Referenz zu erweisen.

Der größte Unterschied zu Versailles aber ist der Führerin zufolge, dass auf Herrenchiemsee im Gegensatz zum französischen Herrscherhaus keine rauschenden Feste und opulenten Empfänge veranstaltet wurden. Der bayerische Märchenkönig ließ seine Schlösser nur für sich selbst erschaffen. Er wollte sich dort seinen Tagträumen hingeben. Diese Tatsache ist für Jochen nur schwer zu begreifen. Die Kerzen im Spiegelsaal wurden allein für ihn entzündet, wenn er seine abendliche Runde durchs Schloss drehte. Im goldenen Paradeschlafzimmer schlief er kein einziges Mal. Es war nur zur Zierde, bestenfalls als Museumsstück, als Reminiszenz an Versailles gebaut worden.

Die Nächte verbrachte der Bayernkönig einige Räume weiter in seinen Privatgemächern, in denen er ebenfalls von niemandem gestört werden wollte, idealerweise nicht einmal von seinen Dienern. Daher ließ er im Speisezimmer ein sogenanntes Tischlein-deck-dich einbauen. Auf seinen Befehl hin verschwand der Tisch per Aufzug im Stockwerk darunter. Dort konnten ihn die Diener decken und das Essen anrichten. Wenn sie fertig waren, kurbelten die Bediensteten die Tafel mittels Seilwinde wieder für Ludwigs *Dinner for One* nach oben. Eine geschlagene halbe Stunde soll das gedauert haben. Dass das Essen dann nicht mehr warm gewesen sein dürfte, war für den *Kini* wohl nicht entscheidend. Die Hauptsache war, dass er keine anderen Menschen sehen musste.

Gegen Ende der Führung betreten Jochen und Magdalena unfertige Räume, die repräsentativ für das ganze Schloss stehen, denn hinter der prächtigen Fassade Herrenchiemsees wurden nur 20 der 70 Räume vollendet. Dem König ging zuerst das Geld aus und schließlich starb er 1886 unter mysteriösen Umständen im Starnberger See. Fatal ist, dass Ludwig den Luxus auf Herrenchiemsee nur zehn Tage lang genießen konnte – er war nur einmal zu Besuch da. Überhaupt hatte er geplant, dass er nur einmal im Jahr für zwei Wochen zum Chiemsee fahren würde. Er mochte die Berge lieber – und so verbrachte er den Großteil seiner Zeit bevorzugt in seinen beiden Schlössern inmitten der Alpen.

Beeindruckt von der Lebensgeschichte des einsamen Königs spazieren Magdalena und Jochen durch ein malerisches

Wäldchen zurück zur Schiffsanlegestelle. Sie müssen ein paar Minuten warten, bis das Schiff kommt, das sie zurück ans Ufer in den Ort Gstadt bringt. Als die Möwen über ihnen kreisen und sie noch einmal einen Blick auf den See werfen, seufzt Magdalena glücklich. »Es ist nicht das Meer, aber es fühlt sich genauso an. Herrlich, oder?«, fragt sie. Jochen gibt ihr recht. Es ist wundervoll hier.

In der Nähe der Anlegestelle entdecken sie ein Restaurant mit dem witzigen Namen *Steghouse*, in das sie einkehren. Es ist wie ein Industrieloft gestaltet und mit antiken Büchern, alten Nähmaschinen und anderen Accessoires dekoriert. So ein stylisches Lokal hätten sie im urbayerischen Chiemgau nicht erwartet. Jochen bestellt einen sogenannten bayerischen Burger mit Braten, süßem Senf und Blaukraut im Laugenbrötchen, Magdalena einen Kaiserschmarrn.

»Wart ihr im Schloss?«, fragt die Kellnerin interessiert, als sie das Essen serviert.

»Ja«, sagt Jochen, »was für ein Irrsinn!«

»Ja, fantastisch, gell?«, erwidert die Bedienung. »Herrenchiemsee hat mehr gekostet als Neuschwanstein und Linderhof zusammen.«

»Das hat die Staatskassen geleert«, sagt Jochen. »Kein Wunder, dass der verrückte König entmündigt wurde, wahnsinnig, wie er war. Nur gut, dass er diesem Missbrauch öffentlicher Gelder am Schluss selbst ein Ende gesetzt hat.«

Die Kellnerin wird rot. »Wer so schöne Schlösser baut, ist nicht verrückt«, sagt sie. »Außerdem wurde unser König feige ermordet. Zerstören Sie sein Andenken nicht, er hat nur Gutes für Bayern getan!«

Sie stellt Jochen den Teller hin und zieht ohne ein weiteres Wort ab.

Magdalena schimpft. »Wie kannst du nur so grob sein? Es ist unser König!«

Jochen gibt ihr kleinlaut recht. »Da war ich wohl unsensibel. Das tut mir leid. Denn ich bin doch so froh, dass ich dieses bayerische Märchen erleben darf.«

Obacht, neidabbt!

Es war einmal ein die Künste liebender und wunderschöner, aber einsamer König. Seine einzige Seelenverwandte war die gleichermaßen attraktive wie unbeugsame Sisi, die Kaiserin von Österreich. Dieser König jedenfalls ließ so prächtige Schlösser bauen, wie die Welt sie noch nicht gesehen hatte – na ja, zumindest wenn es sich dabei nicht um Raubkopien bereits bestehender Paläste handelte. Als Architekt diente ihm meist seine Fantasie. Seine Gegner aber missachteten sein wunderbares Werk. Die Kulturlosen entmündigten den König – dabei war er weder Gewaltherrscher noch Kriegstreiber. Er war ein Genie und seiner Zeit in Sachen Technik und Architektur weit voraus … Das jedenfalls ist das Bild, das die königstreuen Bayern bis heute von ihrem Ludwig II. haben. Sie lassen nichts auf ihn kommen. Dass die Bauwerke so teuer waren, dass die Staatskasse ordentlich strapaziert wurde – geschenkt. Denn: All diese Ausgaben waren verglichen etwa mit denen für den Ersten Weltkrieg Peanuts. Dass der verträumte, bauwütige Herrscher mit seiner Bauwut nicht am Wohle des Volkes interessiert war – was soll's, denn: Der *Kini* machte Bayern noch schöner, als es ohnehin schon ist. Ihm verdankt der Freistaat seinen Popstar, sein Märchen, seine Traumwelt. Wer sich über Ludwig II. lustig macht oder ihn sogar für einen Spinner hält, macht sich der Majestätsbeleidigung schuldig.

Unter Experten ist der König dennoch umstritten. Kritiker werfen ihm absoluten Realitätsverlust vor. Er hatte wenig mehr als die kompromisslose Verwirklichung seiner Fantasien im Sinn. Ludwig hätte sein Amt gerne mit der grenzenlosen Machtausstattung der großen französischen Könige des Absolutismus ausgeführt. Nur ging dieses Machtbewusstsein nicht mit seinen vergleichsweise begrenzten Möglichkeiten einher. Eine Herrschaft, wie er sie sich vorgestellt hatte, war im Bayern des endenden 19. Jahrhunderts schon aus finanziellen Gründen ausgeschlossen.

Ludwig II. baute dennoch an seinem Ideal – buchstäblich, in Form seiner Traumschlösser. Zumindest dort würde er absolutistisch walten. Er ließ Schloss Linderhof in der Nähe des Klosters Ettal errichten, ein Juwel im Stil des französischen Rokoko mit ein paar technischen Zugaben, die zur damaligen Zeit mehr als beachtlich waren. Außerdem ließ er Neuschwanstein und Herrenchiemsee und einige luxuriöse Berghütten wie das Schachenhaus und das Soiernhaus bauen. Rote Zahlen hielten ihn nicht auf, trotz der leeren Staatskasse entwickelte er weitere Ideen. Zum Zeitpunkt seiner Entmündigung waren noch drei weitere Paläste in Planung: ein chinesisches Sommerschloss am Ammerwald bei Linderhof, das dem *Kini* als bayerische Variante des Pekinger Winterpalasts vorschwebte, ein byzantinischer Palast und als wohl nächstes Projekt die Burg Falkenstein unweit von Neuschwanstein: Eine bereits bestehende Ruine, trutzig auf einer Felsnase gelegen, sollte hierfür zu einer gotischen Burganlage mit hohem Hauptturm erweitert werden. Der Entwurf wäre vermutlich trotz finanzieller Probleme und politischem

Widerstand verwirklicht worden – immerhin kam er der königlichen Vorstellung einer Raubritterburg am nächsten. Der Anfang für das Projekt war getan. Die Straße sowie eine Wasserleitung zur Ruine existierten bereits, bevor Geldmangel und der Sturz und Tod des Königs die Planung Makulatur werden ließen.

All diese Schönheiten wollte Ludwig nur für sich selbst schaffen. Die Schlösser, so hatte er es verfügt, sollten nach seinem Tod zerstört werden. Zum Glück für die Nachwelt respektierte die Regierung von Bayern dieses Testament nicht – im Gegenteil: Sie hatte es eilig, die Schlösser der Öffentlichkeit zugänglich zu machen. Jeder sollte sehen, welcher Teufel den König geritten hatte. Dieses Ansinnen schlug jedoch fehl, denn die Besucher waren begeistert und sind es bis heute. Eine Ironie des Schicksals ist, dass genau die Schlösser, deren Bau die Staatskasse einst so belastet hatte, dem Freistaat heute viel Geld in selbige spülen: Die drei Bauwerke bringen jährlich einen zweistelligen Millionenbeitrag an Eintrittsgeldern ein, dazu kommen die Steuereinnahmen aus dem Tourismus.

DER KÖNIG, DER ZU DEN STERNEN GRIFF

König Ludwig II. war auf der Höhe der Zeit – und sogar mehr als das: Er war ein Technikfreak, der seinesgleichen suchte, und seine Schlösser und sein Fuhrpark versprühten jede Menge Hightech-Glamour. Er heizte seine Häuser teilweise über eine Zentralheizung. Es gab eine Telefonleitung zwischen Neuschwanstein und dem nahe gelegenen Hohenschwangau. Seine Diener rief er über eine batteriebetrie-bene Klingelanlage. Sie sahen an einer großen Tafel, wo ihr Herrscher sich gerade aufhielt, und wussten daher, in welche Richtung sie sich beim Betreten eines Raums verbeugen mussten. Auch fließend Wasser gab es in Neuschwanstein – trotz der Höhenlage. In der Küche war das Wasser sogar heiß. Außerdem, und das war damals ein absolutes Novum, thronte der König auf einer Toilette mit automatischer Spülung und nicht wie ein Normalsterblicher auf einem Plumpsklo.

Einen technischen Höhepunkt seines Schaffens stellt die zehn Meter hohe und 100 Meter lange künstliche Venusgrotte im Garten von Schloss Linderhof dar. In den künstlich errichteten Stalaktiten verbargen sich wärmende Kachelöfen. Das Wasser des unterirdischen Sees konnte beheizt werden. Ludwig ließ sich gerne in einem muschelförmigen Kahn zwischen echten Schwänen von einem Diener rudern, während eine Wellenmaschine für authentischen Seegang sorgte. Je nach Stimmungslage konnte er sein königliches Disneyland in blaues Licht tauchen – als Reminiszenz an die Blaue Grotte von Capri – oder in rotes, um der Venusgrotte aus Wagners Tannhäuser zu huldigen. Wellen, Felsenriffe, Schwäne – die gesamte Szenerie schimmerte fantastisch. Den Strom dazu lieferte das erste Elektrizitätswerk Bayerns, das eigens dafür eingebaut war. Die Arbeit hinter den Kulissen verrichteten ein gestresster Elektrotechniker und wummernde Öfen.

Was seine Fahrzeuge betraf, gab Ludwig den James Bond des 19. Jahrhunderts ab. Er liebte multifunktionale Schlitten mit modernsten Features, etwa seinen prunkvollen Wagenkasten in Neo-Rokoko-Optik, den er nach Bedarf und Jahreszeit als luxuriösen Galawagen oder als prunkvollen Schlitten nutzen konnte. Eine Elektrobatterie unter dem Sitz illuminierte die Glaslaternen. Ein weiterer Schlitten des Königs, mit dem er nächtliche Ausfahrten durch die Berge wagte, war das vielleicht erste elektrisch beleuchtete Fahrzeug der Welt.

Eine seiner ausschweifenden Ideen war mitverantwortlich für seinen Sturz: Denn Ludwigs Plan eines Luftwagens in Pfauenform diente als Beleg für seine Geisteskrankheit. Er wollte darin über den Alpsee zum gegenüberliegenden Badestrand schweben. Eine Gondel sollte hierfür an einem Ballon hängend von einem Seil gezogen und von einer Dampfmaschine angetrieben werden. Vielleicht wäre das tatsächlich möglich gewesen, aber die Idee von Flugtaxis bringt Politikern nur Gespött und Häme – Staatsministerin Dorothee Bär kann ein Lied davon singen – und im Falle Ludwigs sogar die Entmündigung ein.

Die Regierung des Königsreichs von Bayern hielt es jedoch offenbar für unvermeidlich, den König in seiner Bauwut zu stoppen. Möglicherweise hielten ihn die Verantwortlichen um den Vorsitzenden des Ministerrats, Johann Freiherr von Lutz, tatsächlich für verrückt. Das Gutachten von damals ließe sich allerdings anzweifeln. Bernhard von Gudden, der damalige Inhaber des Lehrstuhls für Psychiatrie an der Universität München, hatte es in nur 24 Stunden erstellt, ohne den König zu sprechen. Dennoch konstatierte er Folgendes: »Seine Majestät sind in sehr fortgeschrittenem Grade seelengestört und zwar leiden Allerhöchstdieselben an jener Form von Geisteskrankheit, die den Irrenärzten wohl bekannt mit dem Namen Paranoia (Verrücktheit) bezeichnet wird.« Der

Auftraggeber des Gutachtens war die Regierung des Königreichs Bayern. Einen Tag nach seiner Ausfertigung wurde es dem Ministerrat präsentiert. Ludwig II. wurde in der Folge abgesetzt, sein Onkel Prinz Luitpold wurde zum Regenten ernannt.

Doch war König Ludwig wirklich verrückt? Auch nach seinem Tod werden immer wieder Diagnosen bezüglich seines Gesundheitszustandes gestellt, tatsächlich in der Regel mit dem Ergebnis, dass er unter einer paranoiden Schizophrenie litt. In seinen letzten Lebensjahren lebte Ludwig völlig vereinsamt und litt unter Halluzinationen. Seine Gesundheit war insgesamt stark angeschlagen. Maßloses, ungesundes Essen hatte seinen Körper ruiniert, die Zähne waren schlecht und fielen aus. Wegen seines starken Alkoholkonsums war sein früher so schlanker Körper aufgedunsen.

Doch hat er sich wirklich umgebracht? Fest steht nur, dass Ludwig II. in der Nacht vom 12. auf den 13. Juni 1886 im Starnberger See ertrank – und mit ihm sein Gutachter, von Gudden. Tötete Ludwig den Arzt aus Rache und anschließend sich selbst? Oder waren Auftragsmörder eines Verschwörerkreises um den Vorsitzenden des Ministerrats am Werk, die nicht nur den ungeliebten König, sondern auch Mitwisser von Gudden zum Schweigen bringen wollten?

Verehrer des Königs gehen bis heute davon aus, dass Ludwig II. Opfer eines Staatsstreichs war und im Zuge dessen auch ermordet wurde. Andere glauben, dass er den Freitod gewählt hat. Ob die Todesursache irgendwann ans Licht kommt, ist ungewiss. Vermutlich würde es helfen, wenn die Wittelsbacher den Sarg öffnen und den Leichnam des Königs untersuchen lassen würden. Sie lehnen dies bislang aus Pietätsgründen ab.

KÖNIGSTREUE UNTER SICH

In Bayern gibt es viele königstreue Menschen, die der Zeit der bayerischen Monarchie nachtrauern und gerne wieder einen König wie Ludwig II. hätten. Vom »Landshuter Weiß/ Blau Königstreu Furth bei Landshut« hin zum »Ludwigsverein Coburg« gibt es im gesamten Freistaat zahllose Monarchistenvereine mit Tausenden von Mitgliedern, die Bayerns Königen huldigen, insbesondere Ludwig II. Die Konsequentesten unter ihnen dürften die sogenannten *Guglmänner* sein, die man in ihren schwarzen Kapuzengewändern und den brennenden Pechfackeln durchaus mit den Mitgliedern des Ku-Klux-Klan verwechseln könnte. Es handelt sich bei ihnen um einen Geheimbund, der bis heute engagiert daran arbeitet, die »wahren« Umstände von Ludwigs Tod aufzudecken, was für sie heißt, Beweise für die Beseitigung des Königs zu sammeln. Denn dass es sich um feigen Mord handelte, dessen sind sie sich sicher.

Den *Guglmännern* kann man nicht beitreten wie einem Tischtennisverein – sie erwählen geeignete Mitstreiter. Dreistellig soll die Anzahl ihrer Mitglieder sein. Der Bund versucht, zum Teil durch bewusst provokative Forderungen, Aufmerksamkeit für seine Anliegen zu schaffen. Beispielsweise setzte er sich für die Einführung bayerischer Euromünzen mit dem Konterfei des Königs ein, denn Bayern würde sich niemals mit dem aus seiner Sicht preußischen Bundesadler identifizieren. Die *Guglmänner* verbuchten mit diesem Ansinnen einen Teilerfolg: Immerhin wurden Zwei-Euro-Münzen mit dem Abbild von Schloss Neuschwansteins gestanzt. Auch im Juni 1999 erregte der Bund Aufmerksamkeit, als die geheimnisvollen Herren zum 113. Todestag Ludwigs mit ihren tief ins Gesicht gezogenen Kapuzen und mit vor der Brust gekreuzten Fackeln trotz des Vermummungsverbots durch Münchens Straßen marschierten. Zu ihren Forderungen gehörte auch, dass Bayern Mallorca kaufen sollte. Der König höchstselbst verfolgte nämlich einst diesen kühnen Plan. Er wollte die Insel vom spanischen König Alfons XII. kaufen. Und mal ehrlich: Cool für den Freistaat wäre es schon, wenn Mallorca ein neuer Regierungsbezirk würde, wenn außerdem die bisher nur geplanten Bauvorhaben des Königs noch realisiert würden und sein Geist und sein Sinn fürs Schöne Einfluss auf die Regierungsgeschäfte hätten.

Und wenn sie nicht gestorben sind, dann leben Jochen und Magdalena noch heute als glückliches, kulturverbindendes Paar in einer völlig überteuerten Wohnung in der Weltstadt mit Herz, fahren einen BMW, zuzeln zum Frühstück Weißwürste – und vielleicht schaffen sie sich sogar ein Zamperl an. Ob Jochen seinen Sohn, den ihm Magdalena vielleicht schenken wird, Sepp nennen könnte, das weiß er noch nicht, aber: In Fettnäpfchen tappt er immer seltener.

ANHANG

10 DINGE, DIE SIE IN BAYERN UNBEDINGT TUN SOLLTEN

1. Essen Sie Schweinsbraten, *Schäufala* und, wenn der Hunger nur klein ist, ein Paar Bratwürste: Es gibt eh nichts anderes, vegetarisch sind in Bayerns Wirtshäusern nur die Zahnstocher.

2. Wenn Sie auf Bayerns Berge steigen und auf dem Weg jemanden treffen, sagen Sie »Grüß Gott«: Denn die Heiligkeit ist im Freistaat immer dabei, vor allem wenn es steil nach oben geht.

3. *Think big* beim Biertrinken: Mit einer *Preißn*-Halben in der Hand werden Sie nur ausgelacht.

4. Zeigen Sie sich tierfreundlich: Denn Hunde sind in Bayern heilige Kühe.

5. Essen Sie das *Wiesnhendl* mit den Fingern: Denn eleganter werden Sie es mit Besteck nicht hinbekommen.

6. Wischen Sie sich danach die Finger an der Lederhose ab: Je speckiger, desto authentischer ist sie.

7. Huldigen Sie König Ludwig II.: Denn die Bayern sind immer noch Monarchisten.

8. Gehen Sie in Oberfranken zum Biertrinken auf den Keller: Sie werden es nicht bereuen und die beste Aussicht genießen.

9. Wenn Sie einen ausgestopften *Wolpertinger* sehen, fragen Sie, wie er erlegt wurde: Sie werden eine spannende Geschichte auf Leben und Tod hören.

10. Verwenden Sie das Teller, um darauf den Butter aufs Brot zu schmieren: Denn in Bayern lauten manche Artikel anders als im Rest Deutschlands, nämlich richtig.

ANHANG

10 DINGE, MIT DENEN SIE SICH AUF JEDEN FALL BLAMIEREN

1. Verabreden Sie sich nicht um »Viertel« oder »Dreiviertel«: Wer sich nicht zur vollen Stunde trifft, riskiert Missverständnisse.

2. Machen Sie keine Witze über die Abkürzung »BMW«: »Bei Mercedes weggeworfen« – darüber lacht man frühestens ab Stuttgart.

3. Setzen Sie nicht voraus, dass alle Bayern Fans des FC Bayern sind: Sonst kann es passieren, dass Ihnen schnell ein Ball an den Kopf fliegt.

4. Stellen Sie nicht infrage, dass die CSU den weißblauen Himmel, den Leberkäs und das weltbeste Bier erfunden hat: Das Gegenteil werden Sie eh nicht beweisen können.

5. Seien Sie nicht beleidigt, wenn jemand sagt »*A Hund bist scho*«: Denn darin schwingt viel Achtung mit, Sie Pfundskerl!

6. Essen Sie nach 12 Uhr mittags keine Weißwurst mehr: Die Spezialität mag das Zwölferläuten nicht hören.

7. Erwähnen Sie den Franken gegenüber nicht, dass sie Bayern sind: *Mia san mia san* nämlich die anderen.

8. Tragen Sie keine Maßkrughüte, bunte Lederhosen oder Billigdirndl auf der *Wiesn*: Das ist australischen Junggesellengruppen vorbehalten.

9. Binden Sie die Dirndlschürze nicht hinter dem Rücken: Sonst zeigen Sie, dass Sie Witwe oder Kellnerin sind.

10. Sagen Sie niemals »ü«: Wer sich mit »Tschüss« verabschiedet, braucht nicht mehr wiederzukommen.

ANHANG

GLOSSAR

An Guadn	Guten Appetit
Bassd scho!	Ist schon okay! Aber auch: Hervorragend! Wahnsinn! (fränkischer Superlativ!)
Bazi	Spitzbub
bieseln	pinkeln
Brezn	Brezel
Bua	Junge
Bussi	Küsschen
damisch	dumm, blöd
Deandl	Mädchen

Dog	Tag
Dusl	Glück
fei	halt, eben, wirklich, schon, wohl, doch, nur
gamsig	in sexuellem Notstand, geil sein
Gaudi	Spaß
Geh weida!	Das ist doch nicht dein Ernst!
gmahde Wiesn	mühelos zu bewältigende Aufgabe
Grias de	Hallo
Grosskopfada	gesellschaftlich einflussreiche Person, Intellektueller
Habedere	Grüß dich! Grüß euch! Und auch: Tschüss!
Heisl	Toilette
Hendl	gegrilltes Hähnchen
hinterfotzig	hinterhältig
Hoiwe	ein halber Liter Bier
Host mi?	Verstehst du mich?
Hund	Hund oder toller Kerl. »A Hund is er scho« heißt: »Respekt! Ein Kerl, der mit allen Wassern gewaschen ist.«
I	ich
I moa scho aa	Ich meine schon auch.
I mog di	Ich mag oder ich liebe dich.
d'Laid	die Leute
Maß	ein Liter Bier
Minga	bairisch für München

Mo	Mann
neidabbt	ins Fettnäpfchen getappt
Noagerl	der letzte Getränkerest im Krug
Noagerlzuzla	Person, die auch noch den letzten Schluck eines Getränks aus dem Glas zu saugen scheint
obandeln	flirten
Obatzda	eine pikante bayerische Käsezubereitung, meist zur Brotzeit serviert
O'zapft is!	Mit diesem Ausruf (»Es ist angezapft!«) im Anschluss an den Anstich des ersten Bierfasses durch den amtierenden Münchner Oberbürgermeister wird das Oktoberfest traditionell eröffnet.
Pack ma's	Fangen wir an! Gehen wir! Los!
Pfiat de	Tschüss
Preißn	meist abwertend gemeinte Bezeichnung für Norddeutsche und andere Landsmänner, die nicht aus Bayern stammen; manchmal auch für Franken *(Lebkuchenpreißn)*
schee	schön
Schleich di	Geh weg! Hau ab!
Schmankerl	Köstlichkeit
Schmarrn	Unsinn, leeres Gerede
schnackseln	Sex haben
scho	schon
Schuaplattler	Männergruppentanz, bei dem die Tänzer mit den Händen auf ihre Schuhe und Oberschenkel schlagen

Spezi	ein Misch aus Limonade und Cola. Auch: guter Freund
Stamperl	Gläschen Schnaps
Steckerlfisch	ein Fisch, der an einem Stab gegrillt wird
Suri	Schwips. Wer einen *Fetzenrausch* hat, ist indes völlig betrunken.
Wiesn	Oktoberfest
Zamperl	kleiner Hund
Zuagroasda	Zugereister, also *Preißn* und alle, die nicht aus Bayern sind

Bei CONBOOK darf sich wieder blamiert werden!

Die neuen Fettnäpfchenführer

Fettnäpfchenführer Frankreich
ISBN 978-3-95889-205-7
ISBN 978-3-95889-215-6

Fettnäpfchenführer Großbritannien
ISBN 978-3-95889-185-2
ISBN 978-3-95889-216-3

Fettnäpfchenführer Irland
ISBN 978-3-95889-182-1
ISBN 978-3-95889-217-0

Fettnäpfchenführer Italien
ISBN 978-3-95889-190-6
ISBN 978-3-95889-218-7

Fettnäpfchenführer Mexiko
ISBN 978-3-95889-192-0
ISBN 978-3-95889-219-4

Fettnäpfchenführer Russland
ISBN 978-3-95889-191-3
ISBN 978-3-95889-220-0

Fettnäpfchenführer Spanien
ISBN 978-3-95889-193-7
ISBN 978-3-95889-221-7

Fettnäpfchenführer Südafrika
ISBN 978-3-95889-189-0
ISBN 978-3-95889-222-4

CON BOOK.

Blamagefrei durchs Land der Elfen und Wikinger

Nüchtern betrachtet sollte uns Island nicht so fremd sein: Das Land ist halbwegs in der Nähe und wurde von Europa aus bevölkert, vor nicht viel mehr als 1.000 Jahren. Doch wie gut kommt man als Europäer im Land aus Feuer und Eis wirklich zurecht?

Im »Fettnäpfchenführer Island« reist der 30-jährige Max nach Island, um dort für drei Monate als Tauchlehrer zu arbeiten. Dabei springt er nicht nur in Seen, sondern auch kopfüber in eine Menge Fettnäpfchen. Wer hätte gedacht, dass es in einem Land mit gerade mal 350.000 Einwohnern so viele ungeschriebene Gesetze gibt, gegen die man als unbedarfter deutscher Neuankömmling verstoßen kann? Der »Fettnäpfchenführer Island« zeigt, wie man's besser macht!

Marc Herbrechter
Fettnäpfchenführer Island
Im Hot Pot mit Elfen und Wikingern

📘 ISBN 978-3-95889-171-5
📗 ISBN 978-3-95889-214-9

kuchentratsch

KUCHEN VON BAYERISCHEN OMAS - GIBT'S WOS BESSAS?

In unserer Münchner Backstube backen Seniorinnen und Senioren **mit viel Liebe** Kuchen

Unser soziales Start-up ist bekannt aus die **Höhle der Löwen**

Omas und Opas en beim Backen e Leute kennen, ienen sich etwas Rente dazu können ihrer kleidenschaft ngehen

Bei uns gibt's keine Fettnäpfchen, nur Butterwonne

Kuchen von Oma versüßt jeden Besuch in der **bayerischen Hauptstadt**

KAROTTENKUCHEN

gibt nix bessas, wos Guads en unsere as - und inen ihren ostgebackenen akuchen

Mit dem Code „Fettnäpfchen10" bekommst du **10% Rabatt** auf unser Onlinesortiment

Du hast uns in **München** verpasst? Keine Sorge, unseren Omakuchen versenden wir auch deutschlandweit **per Post**

WWW.KUCHENTRATSCH.COM

Eine Kündigung, 22 Länder und ein besonderer Reisebegleiter

An ihrem ersten Tag nach der Elternzeit bekommt Gabriela die Kündigung auf den Tisch. Auf einmal ist sie fast 40, Mutter, ohne Job – und sämtliche Bewerbungen laufen ins Leere. Erst als sie mit ihrem kleinen Sohn aus dem Alltag ausbricht und auf Reisen geht, spürt Gabriela wieder so etwas wie Ruhe und Leichtigkeit.

Immer wieder verschlägt es die beiden an die ungewöhnlichsten Orte, ob in Asien, Südamerika oder im Osten Europas. Unterwegs erkennt Gabriela, dass man manchmal im Leben mit beiden Händen loslassen muss, um wieder neu greifen zu können.

Gabriela Urban
Wie Buddha im Gegenwind
Eine Kündigung, 22 Länder und ein besonderer Reisebegleiter

ISBN 978-3-95889-199-9
ISBN 978-3-95889-206-4

CON
BOOK.